Martin R. Mayer

Effektiv und mit Leichtigkeit lernen

Eine praktische Anleitung für erfolgreiches Lernen

Verlag Via Nova

Martin R. Mayer

Effektiv und mit Leichtigkeit lernen

Eine praktische Anleitung für erfolgreiches Lernen

Verlag Via Nova

1. Auflage 2006
Verlag Via Nova, Alte Landstraße 12, 36100 Petersberg
Telefon: (06 61) 6 29 73
Fax: (06 61) 9 67 95 60
E-Mail: info@verlag-vianova.de
Internet:
www.verlag-vianova.de

Umschlag: Klaus Holitzka, 64756 Mossautal
Satz: typo-service kliem, 97647 Neustädtles
Druck und Verarbeitung: Rindt-Druck, 36039 Fulda
ISBN 3-86616-032-1
ISBN 978-3-86616-032-3

Inhalt

Teil A

Einführung

1. Einleitung

1.1 Gebrauchsanweisung für dieses Buch (bitte unbedingt lesen)

Auch wenn Sie Bücher am liebsten querbeet lesen, bei diesem Buch ist es günstig, es von Anfang bis Ende zu lesen, weil die einzelnen Schritte aufeinander aufbauen. Es ist sinnvoll, erst das nötige Handwerkszeug zu erwerben, zum Beispiel zu verstehen, was sich beim Lernen und Denken im Gehirn abspielt. Auch wenn Sie sich für ein bestimmtes Lerngebiet nicht interessieren, ist es günstig, das Kapitel über dieses Gebiet zu lesen, weil man viele Anregungen auf andere Lerngebiete übertragen kann. Vielen fällt der Einstieg in ein Lerngebiet leichter, wenn sie sich zuerst einen Überblick über das Thema verschaffen. Dazu können Sie die Gliederung überfliegen, ein paar Minuten in dem Buch herumblättern und sich die Mindmap (Übersicht) zum Thema *Lernen* auf Seite 200 und 201 anschauen, in der die wichtigsten Themen dieses Buches aufgeführt sind. Wenn Sie so einen Überblick über das Thema gewonnen haben, können Sie das Buch Schritt für Schritt von vorne lesen.

1.2 Für wen ist dieses Buch gedacht?

Unsere jetzige Epoche kann man als das Informationszeitalter betrachten. Um im Berufsleben bestehen zu können, ist es sinnvoll, laufend dazuzulernen. Dieses Buch ist für alle, die effektiv und mit Spaß lernen wollen, für Schüler der Oberstufe, Studenten, Azubis und Handwerker, eigentlich für alle. Das Buch ist so geschrieben, dass jeder ab 17 Jahren es verstehen sollte. Ich verzichte auf Fremdwörter, die nicht zur Alltagssprache gehören. Wenn ich doch Fremdwörter benutze, erkläre ich sie. Ich bringe an Lerntheorie nur so viel, wie für das Verstehen der Lerntipps notwendig ist. Das Buch ist natürlich auch für Lehrer und Eltern gedacht, die erfahren wollen, wie man lernt, um ihre Schüler und Kinder beim Lernen zu unterstützen. Dieses Buch behandelt keine speziellen Lernprobleme wie Legasthenie, es behandelt allgemein, wie man effektiv und mit Spaß lernen kann.

Sie profitieren von dem Buch mehr, wenn Sie die Übungen machen. Sie können das Buch auch zweimal lesen, einmal ohne die Übungen, um sich einen Überblick zu verschaffen, und in einem zweiten Durchgang mit den Übungen.

Das Buch ist keine wissenschaftliche Darstellung. Das heißt nicht, dass es unwissenschaftlich ist. Ich will es so erklären: Vor langer Zeit fiel jemandem auf, dass Menschen, die viel Zwiebeln essen, lange Seereisen besser überstehen. Man kann dies nutzen, auch wenn man nichts von Vitaminen weiß. Die wissenschaftliche Vorgehensweise hat ihre Berechtigung. Die meisten Wissenschaftler verlieren sich jedoch beim Thema *Lernen* in Details, schreiben zu kompliziert und beschäftigen sich mehr mit Lernschwierigkeiten als mit Tipps, die beim Lernen helfen.

Viele Menschen wollen bei neuen Ideen zeigen, warum sie nicht funktionieren können. Es erfordert keine besondere geistige Leistung, bei allem eine negative Seite zu sehen. Wenn jemand sagt: „Heute ist schönes Wetter", kann man antworten: „*Ja*, hier schon, *aber* in Sibirien ist heute schlechtes Wetter." Es ist natürlich sinnvoll, bei den Tipps zu fragen, ob sie schaden können. Sie können in diesem Buch sicher Fehler finden. Vielleicht haben Sie mehr davon, wenn Sie in diesem Buch Anregungen suchen.

Viele halten Bücher, die verständlich geschrieben sind, für primitiv. Ich liebe die folgende Geschichte: Ein König fühlt sich unwohl, weil er Durst hat. Seine Ärzte schlagen die verschiedensten komplizierten Heilverfahren vor. Sie verabreichen ihm Rosenwasser und Mandelöl. Dem König geht es daraufhin immer schlechter. Als ein einfacher Landarzt vorschlägt, er solle ein Glas Wasser trinken, wird der König wütend: „Was, ein so primitives Mittel für meinen königlichen Körper, das ist eine Frechheit!"

Manchmal werden komplexe Sachverhalte auch zu einfach dargestellt. Ich richte mich nach Albert Einstein, der sagte: „Alles soll so einfach wie möglich gemacht werden, aber nicht einfacher." Viele Teilnehmer sagen nach meinen Seminaren: „Eigentlich habe ich das alles schon gewusst." Gute Dozenten erklären Neues an bekannten Beispielen. Wenn Schüler schon addieren können und ich ihnen das Multiplizieren beibringe, bringe ich zuerst das bekannte Beispiel $2 + 2 + 2 = 6$ und dann die neue Rechenart 2 x 3 = 6. Wenn man Schülern etwas so in kleinen Schritten beibringt, merken sie oft nicht, dass sie etwas Neues gelernt haben.

Ich sage hier nicht die Wahrheit. Ich meine damit nicht, dass ich die Unwahrheit sage. Ich weiß nicht, ob es eine allgemein gültige Wahrheit gibt. Jeder Mensch hat seine eigene Wahrheit und seine eigenen Vorlieben und Stärken beim Lernen. Wissenschaftler sprechen nicht von Wahrheit, sondern von Theorien, die noch nicht widerlegt sind. In diesem Buch geht es um Ideen und Wahlmöglichkeiten. Ich beschreibe viele Möglichkeiten zu lernen. Sie können die Ideen ausprobieren. Wenn etwas klappt, wunderbar, wenn nicht, machen Sie etwas anderes, das besser funktioniert.

Ich gebe keine Ratschläge. Ratschläge sind auch Schläge. Wenn man jemandem einen Ratschlag gibt, wie er zu leben hat, gibt man ihm zu verstehen, er sei zu dumm, um selbst über sein Leben zu entscheiden. Ratschläge machen Menschen schwach und abhängig. Ich gebe keine Ratschläge, sondern biete Wahlmöglichkeiten an.

1.3 Schwerpunkte des Buches

Nach dem einleitenden Teil A gebe ich in Teil B einen Überblick über das Thema Lerntheorie, um die Basis für das Verständnis der einzelnen Lerntechniken zu erarbeiten. In Teil C gehe ich ausführlich auf die einzelnen Aspekte des Themas Lernen ein. In Teil D behandle ich, welche geistige Einstellung beim Lernen am günstigsten ist. In Teil E untersuche ich, wie Sie Prüfungen erfolgreich bestehen können.

1.4 Zu meiner Person

Ich bin in München geboren, habe in Würzburg das Gymnasium besucht und in Westberlin Russisch und Sozialkunde studiert. Neben meinem Studium habe ich in verschiedenen handwerklichen Berufen gejobbt. Ein Semester habe ich an der Universität Leningrad studiert. Meine Referendarzeit als Gymnasiallehrer habe ich in Hannover verbracht. Seit meinem zweiten Staatsexamen im Jahr 1983 arbeite ich in der Erwachsenenbildung. Ich habe 5 Jahre lang Deutschkurse für Russlanddeutsche gegeben (mit 35 Wochenstunden Unterricht). Zurzeit lebe ich als Autor, Berater und Trainer für Firmen und Institutionen im Allgäu. Ich gebe seit 1991 Kurse zum Thema *Lernen lernen* für Kinder, Jugendliche und Erwachsene, zum Beispiel an verschiedenen Fachhochschulen.

Ein Hinweis

Zu meiner Art zu schreiben: Um die Lektüre zu erleichtern, führe ich nicht die weibliche und männliche Form an (der Leser und die Leserin). Es sind immer beide gemeint.

Ihre momentane Einstellung zum Thema Lernen

Betrachten wir nun, welche Einstellung zum Thema *Lernen* Sie im Moment haben. Notieren Sie in ein, zwei Sätzen Ihre momentane Einstellung zum Thema *Lernen*. Sie dürfen ehrlich sein.

Ihre momentane Einstellung zum Thema *Lernen*:

....

....

....

Wir werden in Kapitel 22 auf dieses Thema zurückkommen.

Das Wichtigste dieses Kapitels in Kürze

Bitte lesen Sie dieses Buch von vorne bis hinten. Ich behaupte nicht, die Wahrheit zu sagen, ich will mehr Wahlmöglichkeiten anbieten, um das Lernen effektiver und angenehmer zu machen.

Zum Abschluss dieses Kapitels eine kleine Geschichte:

Der Piratenkapitän

Der alte Kapitän des Piratenschiffs hatte ein Geheimnis. Jeden Morgen versperrte er nach dem Aufstehen seine Kajüte, zog die Vorhänge zu, öffnete den Wandsafe, entnahm ihm ein kleines silbernes Döschen, schloss es auf, blickte hinein, lächelte still vor sich hin, schloss das Silberdöschen, legte es zurück in den Safe und begab sich zum Frühstück. Seine Mannschaft versuchte über Jahre vergeblich hinter das Geheimnis des Silberdöschens zu kommen. Als der Piratenkapitän bei einer See-schlacht starb, war es endlich so weit, das Geheimnis zu lüften. Die Pi-raten gaben ihrem Kapitän ein ehrenvolles Seemannsbegräbnis und eil-ten alle Mann in die Kajüte des Kapitäns. Mit kaum zu bändigender Neugier öffneten sie den Tresor, entnahmen ihm das Silberdöschen und öffneten es. Im Silberdöschen lag ein Zettel mit dem Text: Backbord links, Steuerbord rechts.

2. Ihr Gedächtnis im Moment

Sie können nun testen, wie gut Ihr Gedächtnis im Moment funktioniert. Dann gebe ich Ihnen Tipps, wie Sie sich etwas leichter merken können. Sie können in einem zweiten Test überprüfen, ob meine Tipps geholfen haben. Wenn Ihnen das Wort *Test* unangenehm ist, betrachten Sie es als ein Spiel. Lesen Sie eine Minute lang die folgende Liste von Wortpaaren und versuchen Sie, sich möglichst viele der Wortpaare zu merken. Nach einer Minute ergänzen Sie die dazugehörenden Wörter in der nun folgenden Aufgabe. Wenn Sie zum Beispiel das Wortpaar *Computer und Vorhang* gelernt haben und weiter unten *Vorhang* steht, ergänzen Sie das dazugehörige Wort *Computer*.

Test 1
Merken Sie sich folgende Wortpaare, Sie haben eine Minute Zeit.

Kugel	Dach
Treppe	Orgel
Eule	Birne
Flöte	Taube
Ananas	Auto
Löffel	Hut
Sonne	Ameise
Zeppelin	Schlüssel
Stein	Bleistift
Knopf	Elefant

Nach einer Minute bitte weitergehen.

Ergänzen Sie die fehlenden Wörter. Sie haben eine Minute Zeit.

Ananas und   ....

Birne und   ....

Zeppelin und   ....

Hut und	....
Kugel und	....
Elefant und	....
Taube und	....
Treppe und	....
Bleistift und	....
Ameise und	....

Vergleichen Sie Ihre Lösung mit der richtigen Lösung auf Seite 204. Wie viele Wörter konnten Sie sich merken? Wie haben Sie sich die Wörter gemerkt? Menschen, die sich nur wenige Wortpaare merken können, sagen meist die Wörter vor sich her. Diese Merktechnik ist wenig effektiv. Auch die Methode, eine Eselsbrücke, einen Zusammenhang zwischen den beiden Wörtern, zu suchen, funktioniert nicht immer. In der kurzen Zeit fällt einem oft kein Zusammenhang zwischen den beiden Begriffen ein.

Menschen, die sich die Wortpaare gut merken können, machen sich meist innerlich ein Bild von den beiden Gegenständen oder denken sich eine Geschichte dazu aus. Für *Zeppelin und Schlüssel* einen riesigen Schlüssel, der oben auf einem Zeppelin angebracht ist, für *Eule und Birne* eine Eule, die in einer Glühbirne sitzt.

Stellen Sie sich bei dem zweiten Test ein Bild oder einen Film vor, in dem beide Gegenstände vorkommen. Je komischer und ausgefallener das Bild ist, desto leichter prägt es sich ein. Sie können das Bild bunt und plastisch machen. Meist ist das erste Bild, das einem einfällt, das beste. Merken Sie sich folgende Wortpaare, diesmal können Sie sich innere Bilder zu den Wortpaaren machen.

Test 2
Merken Sie sich folgende Wortpaare, Sie haben eine Minute Zeit.

Buch	Fallschirm
Schuh	Wolke
Fisch	Lokomotive

Hexe	Pinguin
Brücke	Katze
Känguru	Sessel
Auge	Brot
Tür	Perücke
Baum	Fahrstuhl
Wasserfall	Ofen

Nach einer Minute bitte weitergehen.

Ergänzen Sie die fehlenden Wörter. Sie haben eine Minute Zeit.

Auge und ....

Katze und ....

Ofen und ....

Baum und ....

Lokomotive und ....

Perücke und ....

Sessel und ....

Schuh und ....

Pinguin und ....

Buch und ....

Vergleichen Sie nun Ihre Lösung mit der richtigen Lösung auf Seite 204. Wie viele Wörter haben Sie diesmal behalten? In meinen Kursen verbessern Teilnehmer, die beim ersten Test schlecht abgeschnitten haben, ihr Ergebnis beim zweiten Test durchschnittlich um das Dreifache. Hätten Sie es für möglich gehalten, dass Sie Ihre Gedächtnisleistung innerhalb von Minuten verdoppeln oder verdreifachen? Die Technik, sich innere Bilder zu machen, ist nicht nur ein Hauptschlüssel fürs Lernen, sondern auch die Basis der Rhetorik. Gute Redner und Autoren benutzen eine bildhafte, anschauliche Sprache. Viele glauben, Veränderungen und Lernen müssten langwierig und mühsam sein. Dieser Test zeigt, dass man auch schnell und mit Spaß lernen kann.

Zusammenfassung dieses Kapitels

Es ist möglich, schnell und mit Spaß zu lernen. Um sich zu merken, dass zwei Dinge zusammengehören, kann man sich ein komisches Bild vorstellen, in dem beide Dinge vorkommen.

Zum Abschluss des Kapitels ein Witz:

Ein Patient sagt zum Arzt:
„Herr Doktor, ich bin so schrecklich vergesslich."
Der Arzt fragt nach: „Seit wann haben Sie denn das?"
– „Äh ... was?"

Teil B

Überblick Lerntheorie

3. Überblick Lerntheorie

Ich gebe in diesem Teil einen Überblick über das Thema Lerntheorie, um die Basis zu erarbeiten, die nötig ist, um die einzelnen Lerntechniken zu verstehen, die ich in Teil C ausführlich behandle.

3.1 Was ist *lernen*?

Ich liebe einfache, scheinbar dumme Fragen: Was bedeutet Ihrer Meinung nach das Wort *lernen*?
Lernen bedeutet

....

In meinen Kursen höre ich meist, lernen bedeute, sich *Wissen zu merken*. Wissen zu erwerben ist nur *ein* Teil des Lernens. Wenn Kinder gehen lernen, lernen sie kein Wissen, sondern eine *Fähigkeit*. Doch zurück zu der Frage: „Was ist *lernen*?" Meine Definition ist: *Lernen bedeutet, etwas miteinander zu verbinden.* Diese Definition erhebt keinen Wahrheitsanspruch, sie ist aber gut geeignet, um zu verstehen, was beim Lernen vor sich geht. Wenn ein Kind sprechen lernt, verbindet es einen runden Gegenstand mit dem Wort Ball.

O ———— Ball

Im Gehirn geschieht dies durch eine Verbindung von Nervenzellen. Nervenzellen, die so genannten *Neuronen*, werden über Nervenverbindungen, die so genannten *Synapsen*, miteinander verknüpft.

lernen: O ————————————— O
        Nervenzelle   Nervenverbindung   Nervenzelle

Man kann den Lernvorgang damit vergleichen, dass jemand im Tiefschnee ins Nachbardorf geht. Er bahnt sich mühsam seinen Weg im

Tiefschnee. Der Nächste, der diesem Pfad folgt, kann in die alten Fußstapfen treten. Langsam entsteht ein Pfad, auf dem man schnell gehen kann. Man kann den Lernvorgang auch mit der Bildung von Bächen nach einem Regenguss in einer Wüste vergleichen. Zuerst entsteht ein kleines Rinnsal. Je mehr Wasser in ihm fließt, desto tiefer gräbt es sich sein Bett, bis ein Bach entsteht. Und je breiter der Bach wird, desto mehr Wasser fließt in dem Bach. Beim Lernen entstehen neue Nervenverbindungen oder vorhandene Nervenverbindungen werden verstärkt. Je öfter eine Nervenverbindung genutzt wird, desto dicker wird sie. Je dicker sie ist, desto besser funktioniert sie, die Daten werden 30-mal schneller transportiert. Natürlich wird so eine Schnellstraße mehr benutzt und damit weiter verstärkt.

Beim Lernen werden nicht nur einzelne Nervenzellen, sondern ganze Gruppen von Nervenzellen miteinander verbunden, es entstehen Netzwerke von Nervenverbindungen. Man kann das Gehirn mit einem Fischernetz vergleichen. Ist ein Fischernetz grobmaschig, können Fische hindurchflutschen, ist es engmaschig, verfangen sich die Fische eher im Netz. Hat jemand viel gelernt, ist das Netz der Nervenverbindungen eng und neue Informationen werden leichter mit vorhandenen Informationen verknüpft.

grobes Netz   enges Netz

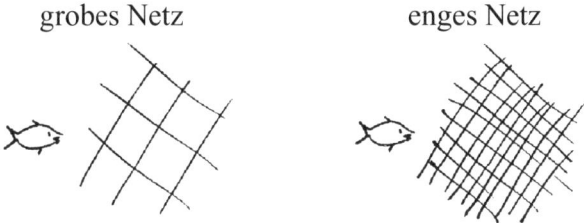

Ich gebe ein Beispiel für ein solches Netz. Wenn ich in meinen Deutschkursen mit russischsprachigen Aussiedlern das Wort *Milch* erklärt habe, habe ich das Wort mit möglichst vielen Dingen verbunden, die die Schüler schon kannten: Milch ist *weiß* wie Papier. Die Kühe geben Milch, und die Kühe machen *muh*, auch wenn in der Sowjetunion versucht wurde, den Kühen beizubringen, „*Lang lebe Lenin!*" zu rufen. Dann zeige ich, wie man Milch gewinnt, indem ich das Melken vorspiele. Und man kann *Schokolade* aus Milch machen. Mit je mehr bekannten Informationen ich das Wort *Milch* verbinde, desto besser ist es im Gedächtnis verankert.

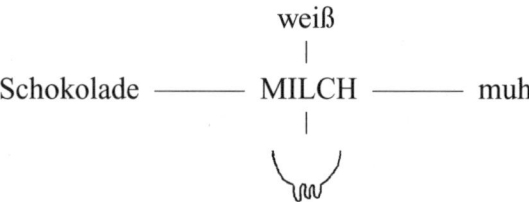

Fällt Ihnen an den Beispielen für Verknüpfungen *weiß, muh, melken, Schokolade* etwas auf? Wie unterscheiden sich diese Beispiele?

Diese Beispiele sprechen unsere fünf Sinne an, *weiß* ist für die Augen, fürs Sehen, *muh* ist für die Ohren, fürs Hören, *melken* ist fürs Fühlen, *Schokolade* ist für Nase und Zunge, fürs Schmecken und Riechen.

Auge
|
Nase, Zunge —— MILCH —— Ohr
|
Hand

Wir nehmen Informationen über unsere fünf Sinne auf, über Sehen, Hören, Fühlen, Schmecken und Riechen. In diesem Buch beschränke ich mich der Einfachheit halber auf die drei Hauptsinne Sehen, Hören und Fühlen. Viele bevorzugen beim Wahrnehmen einen bestimmten Sinn. Der eine versteht etwas am besten, wenn er ein Bild anschaut, ein anderer will etwas darüber hören und ein Dritter *begreift* etwas besser, wenn er es in die Hand nimmt. Es geht nicht darum, Menschen in Schubladen zu pressen, den Seh-, Hör- oder Fühltyp als solchen gibt es nicht. Es geht darum, herauszufinden, auf welche Art Sie selbst, Ihre Schüler oder Kinder Informationen am liebsten aufnehmen. Dies kann man beim Lernen berücksichtigen. Am besten behält man etwas, wenn man es mit allen Sinnen aufnimmt.

3.2 In welcher Form denken wir?

Nachdem wir betrachtet haben, was *lernen* bedeutet, habe ich schon wieder eine scheinbar primitive Frage: Was bedeutet eigentlich das Wort *denken*? Anders gefragt, in welcher Form denken wir? Ich erkläre, was ich mit *Form des Denkens* meine. Ein Bildhauer macht eine Statue. Das Thema oder der Inhalt der Statue ist ein Pferd. Die Form beziehungsweise das Material ist Holz. Was ist nun das „*Material*" des Denkens, in welcher *Form* denken wir, unabhängig vom Inhalt des Denkens? Wir sind gewohnt, uns mit dem Inhalt des Denkens zu beschäftigen, die Frage nach der Form des Denkens ist nicht üblich. Sie können hier Ihre Vermutung aufschreiben, in welcher Form wir denken:
Wir denken

....

Wir nehmen Informationen nicht nur mit unseren fünf Sinnen wahr, also sehen, hören, fühlen usw., sondern wir denken auch mit unseren fünf Sinnen, in Form von inneren Bildern, inneren Tönen, innerer Sprache und innerem Fühlen.

	sehen
	hören
denken = innerlich	fühlen
	schmecken
	riechen

Wenn ich an meinen Urlaub auf Kreta denke, sehe ich das Meer vor mir, höre innerlich griechische Musik, erinnere mich an das angenehme Gefühl der Sonne auf meinem Körper, schmecke den herben Wein und rieche den wilden Thymian. Die einzelnen Anteile einer Erfahrung sind durch Nervenverbindungen miteinander verknüpft, sie bilden ein Netzwerk. Ich kann mir über jeden einzelnen Anteil dieses Netzwerkes Zugang zum ganzen Netzwerk verschaffen, mich an alle anderen Anteile erinnern. Wenn ich Urlaubsfotos anschaue, erinnere ich mich mit allen Sinnen an den Urlaub.

Innere Bilder können Erinnerungsbilder oder Phantasiebilder sein. Ich kann mir vorstellen, auf dem Mond spazieren zu gehen. Im Hörkanal kann ich innerlich mit mir selbst sprechen, mich an Gespräche, Geräusche oder Musik erinnern oder sie mir vorstellen.

Der Sinneskanal, in dem ich eine Information empfange, kann ein anderer sein als der, in dem ich die Information innerlich erlebe und abspeichere. Ich höre im Radio etwas über Afrika (Input über den Hörkanal) und stelle mir dabei Afrika bildlich vor.

Was ich gerade über die Form unseres Denkens geschrieben habe, ist die Basis des Lernens und dabei weitgehend unbekannt. In vielen Büchern zum Thema Lernen steht, dass es nicht möglich ist, innere Bilder zu sehen. Ich kann klare, farbige innere Bilder sehen, auch wenn einige Autoren behaupten, dass dies nicht möglich ist.

Die verschiedenen Arten, wie wir Informationen aufnehmen und wie wir sie innerlich erleben, haben immense Auswirkungen. Wir können mit *einem* Blick eine riesige Menge von Informationen aufnehmen. Wenn Sie das Foto auf dem Umschlag dieses Buches ein paar Sekunden anschauen, haben Sie mehr Informationen, als wenn ich Ihnen das Bild ein paar Seiten lang beschreiben würde. Wir können mit *einem* Blick das Skelett eines Dinosauriers oder eine Landkarte erfassen. Ein Bild sagt mehr als tausend Worte. Es gibt Menschen, so genannte *Eidetiker*, die Bilder quasi innerlich fotografieren. Eidetiker schauen eine Telefonbuchseite kurz an, fotografieren sie innerlich, schließen das Telefonbuch und lesen die Telefonnummern vom inneren Bildschirm ab. Ich kenne jemanden, der das kann. Er hat die Prüfung zum Taxifahrer in München nach drei Tagen Lernen bestanden. Und ich kenne Juristen, die für diesen Taxischein genauso lang gelernt haben wie für ihr erstes juristisches Staatsexamen. Ich weiß nicht, ob man diese Fähigkeit des exakten fotografischen Gedächtnisses erlernen kann. Aber man kann die Fähigkeit, innere Bilder zu sehen, entwickeln und ausbauen. Um den Unterschied zwischen den verschiedenen Wahrnehmungskanälen beim Lernen weiter zu beleuchten, stelle ich Ihnen gleich eine Frage: *Welcher Buchstabe kommt im ABC vor dem P?* Was haben Sie getan, um die Antwort zu finden? Wir lernen das ABC meist, indem wir es vor uns her sagen. Wenn wir einen bestimmten Buchstaben im ABC suchen, spulen wir quasi ein inneres Tonband zurück bis zum A und sagen uns die Buchstaben der Reihe nach vor, bis wir beim P angekommen sind. Eine mühsame Prozedur. Manche spulen das innere Tonband nur ein Stück bis zum M zurück und sagen sich „M, N, O, P". Wenn wir den Lernstoff auf einem inneren

Tonband gespeichert haben, bekommen wir in jedem Moment nur *eine* Information und diese nur in einer bestimmten Reihenfolge. Man kann jemanden, der Informationen vom inneren Tonband abruft, mit einer Person vergleichen, die auf einem Acker mühsam eine Kartoffel nach der anderen aufklaubt, um irgendwann eine bestimmte Kartoffel zu finden. Dagegen schwebt ein Mensch, der Informationen vom inneren Bildschirm abruft, wie in einem Ballon über dem gleichen Acker und hat alle Informationen gleichzeitig mit *einem* Blick zur Verfügung. Und er kann sich Details wie mit einem Zoom näher holen und genauer betrachten.

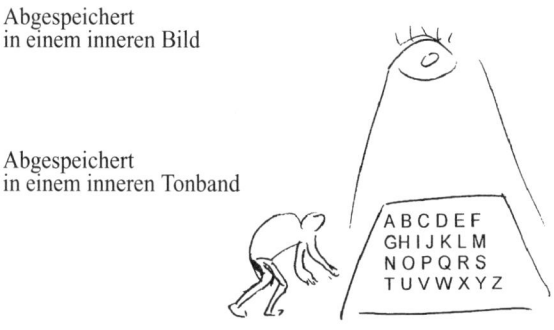

Abgespeichert in einem inneren Bild

Abgespeichert in einem inneren Tonband

ABCDEF
GHIJKLM
NOPQRS
TUVWXYZ

3.3 Das Gehirn

Links: Rationale Gehirnhälfte   *Rechts: Emotionale Gehirnhälfte*

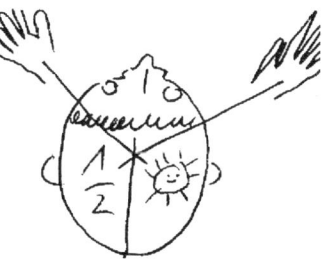

rational, logisch, Verstand   emotional, Gefühle, Phantasie

Betrachten wir kurz den Aufbau unseres Gehirns. Unser Gehirn ist in zwei Hälften geteilt. Die linke Gehirnhälfte, die mit der rechten Körperseite verbunden ist, ist für das rationale Denken zuständig. Die rechte Gehirnhälfte, die mit der linken Körperseite verbunden ist, steht für Gefühle und Phantasie. Die beiden Gehirnhälften sind durch einen dicken Nervenstrang verbunden, den so genannten Balken, der die Zusammenarbeit der beiden Gehirnhälften ermöglicht.

Der traditionelle Unterricht in unseren Schulen und Universitäten spricht hauptsächlich die rationale Gehirnhälfte an. Die emotionale Gehirnhälfte, die Phantasie und die Gefühle, werden vernachlässigt. Man kann dies mit einem Büro mit zwei Sekretärinnen vergleichen, in dem eine Sekretärin überlastet ist, während die andere nichts zu tun hat und sich langweilt. Keine Firma könnte sich eine solche Vergeudung ihrer Arbeitskraft leisten. Mit der Leistungskraft des Gehirns gehen leider viele ähnlich um.

Effektives Lernen nutzt beide Gehirnhälften, zum Beispiel, indem man mit Gefühlsbeteiligung lernt. Ich gehe in Kapitel 26.1. ausführlich auf die Fähigkeiten und Aufgaben der beiden Gehirnhälften ein.

Ein neues wissenschaftliches Modell des Gehirns geht nicht von zwei Gehirnhälften aus, sondern von 4 Gehirnvierteln. Das so genannte *Hermann Dominanz Modell* unterscheidet folgende vier Quadranten oder Gehirnviertel:

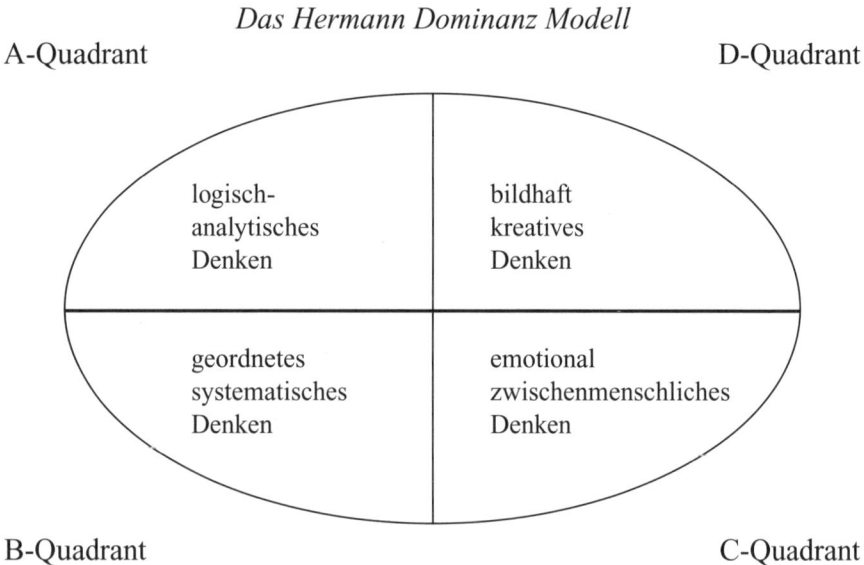

Das Hermann Dominanz Modell

A-Quadrant   D-Quadrant

logisch-analytisches Denken

bildhaft kreatives Denken

geordnetes systematisches Denken

emotional zwischenmenschliches Denken

B-Quadrant   C-Quadrant

Nach diesem Modell gibt es vier Grundtypen von geistiger Ausrichtung:

Menschen vom Typ A bevorzugen logisches und analytisches Denken.

Menschen vom Typ B bevorzugen geordnetes und systematisches Denken.

Menschen vom Typ C bevorzugen emotionales und zwischenmenschliches Denken.

Menschen vom Typ D bevorzugen bildhaftes und kreatives Denken.

Kein Mensch ist ein reiner Typ A oder B, es gibt viele Mischformen. Diese Typen sollen nicht dazu dienen, Menschen in Schubladen zu stecken. Sie dienen dazu, zu erkennen, welche Art zu denken und zu lernen man selbst bevorzugt und welche Gebiete man noch ausbauen kann. Menschen des Typus D (bildhaftes und kreatives Denken) lernen am leichtesten, wenn sie den Lernstoff in Bilder, Comics und innere Filme umwandeln. Menschen von diesem Denktypus können ihre Lernleistung steigern, wenn sie ihren C-Quadranten weiterentwickeln, wenn sie den Lernstoff mit Emotionen verbinden.

Ein anderes neues Modell des Gehirns, das *Multimind-Modell* von *Robert Ornstein*, geht nicht von *einem* Gehirn aus, sondern von einer Vielzahl von Gehirnteilen, die sich laufend abwechseln. Wenn ich russisch spreche, benutze ich einen anderen Gehirnteil, als wenn ich Schach spiele. Unser Gehirn ist kein starrer Apparat, es verändert sich ständig. Viele vergleichen das Gehirn und unser Gedächtnis mit einem Regal, das gefüllt werden muss. Dieser Vergleich ist wenig sinnvoll. Unser Gehirn ist kein Ding, sondern ein lebendiger Prozess. Wir glauben, dass unsere Erinnerungen objektiv sind. In Wirklichkeit verändern sich Erinnerungen jedes Mal, wenn wir daran denken. Wenn wir uns an etwas erinnern, werden die gleichen Nervenbahnen aktiviert wie in der ursprünglichen Erfahrung. Mit jeder Erinnerung verändern sich diese Nervenbahnen ein bisschen. Ein Beispiel: Eine Frau, die nach einem Jahr Ehe von ihrem Mann betrogen und verlassen wurde, wird sich an ihre Ehe mit der Zeit immer negativer erinnern. Eine andere Frau, deren Mann nach einem Jahr Ehe starb, als er ihr bei einem Unfall das Leben rettete, wird sich an ihre Ehe mit der Zeit immer positiver erinnern. Unser Gehirn ist flexibel. So können nach einer Verletzung von Teilen des Gehirns andere Gehirnteile die Aufgaben des zerstörten Teils übernehmen. Der Gehirnforscher *Manfred Spitzer* berichtet von einem Mädchen, dem im Alter von 3 Jahren die gesamte linke Gehirnhälfte operativ entfernt werden musste. Das Mädchen ist vier Jahre nach der Operation nur geringfügig in der Bewegung des rechten Arms und des rechten Beins behindert, es besucht erfolgreich eine normale Schule und spricht fließend zwei Sprachen.

Hologramm

Informationen werden im Gehirn ähnlich wie in einem Hologramm gespeichert. Wenn man ein holographisches Bild in zwei Teile schneidet, bekommt man nicht zwei Hälften des Bildes, sondern wieder die gleichen Bilder, nur kleiner und unschärfer. Ähnlich wird eine Information im Gehirn nicht nur an einer bestimmten Stelle gespeichert, die Information verteilt sich über weite Teile des Gehirns. Bei Verletzung eines kleinen Teils des Gehirns geht so die Information nicht ganz verloren, sondern verliert nur an Klarheit und Genauigkeit.

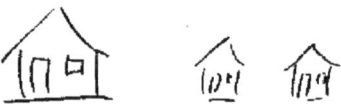

System

Unser Gehirn ist ein System. Ich erkläre, was ein System ist. Wir sind gewohnt, in Zusammenhängen von Ursache und Wirkung zu denken. Weil ich gegen die Flasche stoße, fällt sie um.

$$\text{Ursache} \longrightarrow \text{Wirkung}$$

Das mechanische Denken in Zusammenhängen von Ursache und Wirkung prägte die Physik des Mittelalters. Bei einfachen Problemen hat das mechanische Denken heute noch seine Berechtigung.

Das mechanische Denken in Zusammenhängen von Ursache und Wirkung kommt jedoch an seine Grenzen, wenn wir es mit komplexen Systemen zu tun haben. In Systemen spielen viele Faktoren zusammen und beinflussen sich gegenseitig. Wenn *ein* Faktor sich verändert, verändert sich das ganze System und alle anderen Faktoren. In Systemen gibt es Rückkoppelungen (Feedback), die Einflüsse wirken nicht wie beim mechanischen Prinzip von Ursache und Wirkung nur in eine Richtung, sondern in alle Richtungen.

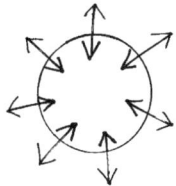  Rückkoppelung

Menschen sind auch Systeme. Wie ein Mensch sich verhält, wird von vielen Faktoren wie Erziehung, Überzeugungen und Erfahrungen beeinflusst. Systeme erfordern eine andere Art zu denken als mechanische Probleme. Wenn man gegen einen Ball tritt, kann man die Auswirkungen genau vorausberechnen. Wenn man einen Hund tritt, hat dies auch Auswirkungen, aber sie lassen sich nicht exakt voraussagen. Der Hund kann weglaufen, er kann einen beißen usw. Um angemessen mit Systemen umgehen zu können, ist es sinnvoll, auf seine Intuition zu achten. Zum Thema *systemisches Denken* empfehle ich das Buch *Die 5. Disziplin* von *Peter Senge*.

Auch unser Gehirn ist ein komplexes System. Viele Faktoren spielen bei der Arbeit des Gehirns eine Rolle, zum Beispiel Ernährung, Schlaf und Atmung. Ich bin skeptisch, wenn Bücher *ein* Patentrezept zum Lernen empfehlen. Viele Faktoren können die Arbeit des Gehirns und das Lernen behindern oder erleichtern. Es gibt viele Möglichkeiten, zu lernen und das Lernen zu erleichtern.

Die Gedächtnisstufen Ultrakurzzeit-, Kurzzeit- und Langzeitgedächtnis

Damit eine Information auf Dauer im Gedächtnis gespeichert wird, durchläuft sie normalerweise drei Gedächtnisstufen. Man kann die Gedächtnisstufen mit drei übereinander gelegenen Wasserbecken vergleichen, in denen jeweils die größte Menge des Wassers ausgefiltert wird und seitlich wegfließt, während nur ein kleiner Teil in das nächste Wasserbecken weiterfließt.

Die ersten beiden Gedächtnisstufen dienen als Filter, die unser Gedächtnis davor bewahren, mit zu vielen und unnötigen Informationen belastet zu werden.

Das Ultrakurzzeitgedächtnis

Im Ultrakurzzeitgedächtnis speichern wir Informationen etwa 20 Sekunden lang. Wenn wir eine Information nicht mehr benötigen, vergessen wir sie. So vergessen wir schnell, welche Autos wir auf der Autobahn überholt haben. Was dem Gehirn wichtig erscheint, etwa 3 % der Informationen, die wir aufnehmen, gelangt in die nächste Gedächtnisstufe, das Kurzzeitgedächtnis.

Das Kurzzeitgedächtnis

Im Kurzzeitgedächtnis werden Informationen etwa 20 Minuten lang gespeichert. Von diesen Informationen werden wiederum etwa 90 % ausgesiebt und nur der Rest von 10 %, der dem Gehirn wirklich wichtig erscheint, gelangt in das Langzeitgedächtnis.

Das Langzeitgedächtnis

Im Langzeitgedächtnis sind die Informationen dauerhaft eingeprägt, sie stehen im Prinzip ein Leben lang zur Verfügung. Das Fassungsvermögen des Langzeitgedächtnisses ist unbegrenzt, es kann immer wieder neue Informationen aufnehmen. Das Gehirn funktioniert nicht wie ein Computer mit beschränkter Speicherkapazität. Weil unser Gedächtnis wie ein Netz arbeitet, lernen wir leichter und schneller, je mehr wir schon gelernt haben. Die Wahrscheinlichkeit wird größer, dass eine Information sich mit etwas verbindet, das wir schon kennen.

Die Möglichkeiten des Gehirns

Viele unterschätzen die Möglichkeiten des Gehirns. Robert Ornstein berichtet, dass Menschen in 6 Wochen lernten, gleichzeitig ein Buch über *ein* Thema zu lesen und über ein anderes Thema zu schreiben. Es gibt Hinweise darauf, dass alles, was wir jemals erlebt haben, im Gehirn gespeichert ist. Bei Gehirnoperationen kann man durch die Stimulierung bestimmter Gehirnareale alle gespeicherten Informationen wieder zugänglich machen. Menschen können dann etwa wortwörtlich wiederholen, was an ihrem ersten Schultag gesagt wurde.

3.4 Was das Lernen erschwert

Betrachten wir nun, was das Speichern und damit das Lernen erschweren kann. Lernen wird vor allem durch Angst erschwert. Der Mensch wurde für den Urwald konstruiert. Wenn ein Urmensch einem Tiger begegnete, war es nicht sinnvoll, lange darüber zu grübeln, ob es ein Männchen oder ein Weibchen ist. Das war im wahrsten Sinne des Wortes für die Katz. In dieser lebensbedrohlichen Lage war es sinnvoller, alle Kraft zu nutzen, um zu kämpfen oder zu flüchten. Deshalb hat der liebe Gott oder wer immer den Menschen konstruiert hat ein Programm eingebaut, das dafür sorgt, dass Menschen bei Gefahr aufhören zu denken und Energie bekommen, um zu kämpfen oder wegzulaufen.

Nun sind wir heute leider oft in Situationen, in denen wir lernen und denken müssen, Druck, Angst und Stress ausgesetzt. Und Druck und Angst sind absolute Denk- und Lernkiller. Wenn ein Lehrer brüllt: „KONZENTRIERE DICH UND LERNE!", führt das zum Gegenteil des Gewünschten. Das Gehirn des Schülers schaltet ab.

Natürlich reicht es meist nicht, wenn ein Schüler nur lernt, wenn er gerade Lust hat. Man geht auch zur Arbeit, wenn die Sonne scheint und man eigentlich lieber baden gehen würde. Aber dauernd unter Druck zu lernen ist ungünstig, weil Druck das Denken erschwert. Lernen mit Spaß hat zwei Vorteile: Erstens ist es effektiver, zweitens macht es mehr Spaß. Ich vermeide das Wort *muss*, weil es Druck erzeugt und das Lernen erschwert. Ich biete vielmehr Möglichkeiten an, die das Lernen angenehmer und effektiver machen.

Außer durch Druck, Angst und Stress wird das Lernen durch Lärm erschwert. An Lärm kann man sich nicht gewöhnen. Lärm ist ungesund und erschwert das Denken und Lernen. Sie können sich einen ruhigen Platz zum Lernen suchen oder, wenn dies nicht möglich ist, Ohrstöpsel oder einen Kopfhörer benutzen.

Der Lernvorgang kann auch behindert werden, wenn zu viele Dinge zu schnell hintereinander gelernt werden. Wenn ein Lehrer eine neue Information mitteilt, brauchen die Schüler ein paar Sekunden Zeit, um die Information zu „verdauen", sie mit schon bekannten Informationen zu vergleichen und zu verbinden und damit zu speichern. Wenn der Lehrer während dieser Phase der Verarbeitung und Speicherung der Information zu schnell eine zusätzliche Information bringt, überlagern sich die

Phasen der Verarbeitung der ersten und der zweiten Information, es kommt zu einer so genannten *Interferenz*, die beiden Phasen überschneiden und hemmen sich gegenseitig. Man kann den Vorgang der Interferenz damit vergleichen, dass zwei Wellen aufeinander treffen und sich gegenseitig aufheben. Es ist günstig, sich beim Lernen Zeit zu nehmen, um die Informationen zu verarbeiten.

Es ist sinnvoll, nach einiger Zeit das Thema zu wechseln. Zu ähnliche Lernstoffe können sich gegenseitig blockieren. Man kann nach einer Stunde Englisch lernen zu Mathematik wechseln.

3.5 Was das Lernen erleichtert

Nachdem wir betrachtet haben, was das Lernen erschwert, betrachten wir nun, was das Lernen erleichtert und begünstigt.

Wiederholung

Beim Lernen werden Nervenverbindungen gebildet und verstärkt. Je dicker die Nervenverbindungen sind, desto schneller werden die Informationen übertragen. Und natürlich werden diese Schnellstraßen im Gehirn mehr genutzt als langsame Nebenstraßen. Deshalb ist es sinnvoll, das Gelernte zu wiederholen, um es ins Gedächtnis einzuprägen. *Wiederholen* ist allerdings nur *eine* von vielen Möglichkeiten, das Gelernte zu vertiefen. Es gibt effektivere Methoden, die außerdem mehr Spaß machen.

Im Zusammenhang lernen

Das Lernen wird vertieft, wenn wir etwas in einem Zusammenhang lernen. Isolierte Informationen haben nur wenige Verbindungen zu anderen Informationen. Sie können schneller vergessen werden und sind schwerer aus dem Gedächtnis abrufbar. Das traditionelle Lernen von Vokabeln ist deshalb wenig sinnvoll. Wenn ich lerne *Tisch = table*, entsteht nur eine einzige Nervenverbindung. Es ist sinnvoller, Vokabeln im Zusammenhang eines Satzes zu lernen, zum Beispiel: *I sit at the table.* Damit ist das neue Wort mit dem Zusammenhang eines englischen Satzes verknüpft.

Verstehen

Eine besondere Form des Lernens im Zusammenhang ist das *Verstehen*. Was bedeutet eigentlich das Wort *verstehen*? Anders gefragt, was passiert im Gehirn, wenn Sie ein Wort, das Sie lesen oder hören, verstehen? Ein Beispiel: Das Wort *djerewo*. Wenn Sie kein Russisch können, verstehen Sie dieses Wort nicht. Ich sage das Wort nun auf Deutsch: *Baum*. Was ist der Unterschied, woran können Sie erkennen, dass Sie das Wort *Baum* verstanden haben? Wenn ich das Wort *Baum* verstehe, verbinde ich das Wort mit einem Bild eines Baumes, ich kann innerlich einen Baum hören, fühlen oder riechen.

Baum —————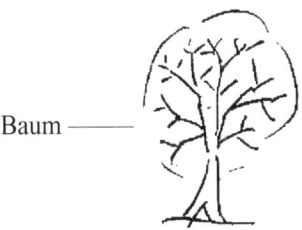

Was passiert nun, wenn ich „*kein Baum*" sage? Um dies zu verstehen, mache ich mir zuerst ein Bild eines Baumes und streiche dann den Baum in der Vorstellung durch. Bei diesem Beispiel ist das nicht problematisch, aber wenn ich mir sage: „Nur nicht an den leckeren Apfelkuchen denken", habe ich ein Problem. Ich kann den Satz nicht verstehen, ohne an den Apfelkuchen zu denken. Und damit hat der arme Apfelkuchen wenig Chancen, lange zu überleben. Unser Gehirn kann Negationen wie *nicht, ohne, kein,* zahn*los,* eis*frei, un*schön schwer verstehen. Denken Sie jetzt nicht an ein blaues Känguru und schon gar nicht an eines, das keinen Purzelbaum schlägt! Woran haben Sie gerade gedacht? Problematisch ist zu sagen: „*Nur keine Angst!*" Um dies zu verstehen, spürt man *Angst,* ein Gefühl der *Enge* in der Kehle, in der Brust oder im Bauch. Es ist sinnvoller zu sagen: „*Ruhig bleiben!*" und ruhig zu atmen. Atmen kann ein Gefühl der Enge auflösen. Besonders tückisch sind Aufforderungen wie „*Nicht fallen lassen!*" Wer dies zu einem Kind sagt, das ein Glas in der Hand hält, kann schon Schaufel und Besen holen. In diesem Satz steckt der Befehl „*Fallen lassen!*" Im Englischen ist dieser Effekt noch deutlicher. Wenn ich will, dass Sie viel Wasser trinken, kann ich direkt sagen: „*Drink much water*" und werde oft Widerstand hervorrufen. Geschickter ist es zu sagen: „Maybe you don't want to *drink much* *water*, maybe you never had the idea to *drink much water.*" Scheinbar rate ich davon ab, Wasser zu trinken und wiederhole doch ständig die Anweisung *„Drink much water!"* Der amerikanische Arzt und Psychotherapeut *Milton Erickson* sagte zu Klienten, denen es schwer fiel zu lernen: „I know people, who *learn easily and joyfully*", und versteckte in dem Satz geschickt die Aufforderung: *„Lerne leicht und mit Spaß!"*

Es ist sinnvoll, Dinge, die wir erreichen wollen, in der positiven Form zu formulieren. Also statt: „Ich will keine Schwierigkeiten beim Lernen haben" besser: „Ich will effektiv und mit Spaß lernen." Manchmal ist es nötig, zu benennen, was man nicht machen soll. In diesem Fall kann man zuerst sagen, was man besser vermeidet, und dann, was man tun sollte. Anstatt sich selbst zu zensieren und sich Negationen zu verbieten, kann man in der Kommunikation mit sich selbst und mit anderen Negationen wahrnehmen, darüber lächeln und sich fragen, was man an Stelle des Negativen lieber hätte, etwa statt Lernstress *„Freude beim Lernen"*. Sie werden sich vielleicht wundern, welche positiven Auswirkungen es in Ihrem Leben geben wird, wenn Sie in Zukunft Ihre Wünsche positiv formulieren.

Kommen wir zurück auf das Thema *Verstehen* beim Lernen. Es bringt wenig, etwas auswendig zu lernen, das man nicht verstanden hat. Die physikalische Formel $p = a/f$ oder *Druck = Kraft durch Fläche* auswendig zu lernen, ohne zu wissen, was die Formel in der Erfahrung bedeutet, bringt wenig. Wann spielt diese Formel in der Praxis eine Rolle? Ein Beispiel: Wenn ich mit dem Gewicht meiner Hand (= Kraft) einen Bleistift belaste, der mit der Spitze auf meinen Daumen drückt, ist der Druck größer, als wenn der Bleistift mit seiner stumpfen Seite auf den Daumen drückt. Das heißt, je kleiner die Fläche, desto größer ist der Druck, oder für Kinder ausgedrückt, der Schmerz. Gute Erklärungen sind so anschaulich, dass Kinder sie verstehen. Wenn ich die Formel *Druck = Kraft durch Fläche* so verstanden habe, ist sie meist fest im Gedächtnis verankert.

Praxisbezug

Sie können sich überlegen, in welchen Situationen der Lernstoff eine Rolle spielt. Die Erkenntnis aus der Physik *Reibung erzeugt Wärme* kann man nutzen, indem man seine Hände aneinander reibt, um sie zu wärmen. Indianer nutzen die Reibungswärme beim Feuermachen. Die Reibungswärme spielt auch eine Rolle, wenn sich Bremsen erhitzen.

Mit allen Sinneskanälen lernen

Was man mit allen Sinnen gelernt hat, bleibt am besten hängen. Außer bei speziellen Themen wie Kochen reichen meist die Sinneskanäle Sehen, Hören und Fühlen. Man kann Informationen mit allen Sinnen aufnehmen, kann Filme und Videos anschauen, ein Hörbuch anhören und, wenn möglich, ein Modell in die Hand nehmen. Und man kann den Lernstoff innerlich in allen Sinneskanälen abspeichern, kann sich dazu innere Bilder und Filme machen, in der Vorstellung dazu einen Vortrag halten oder das Lernobjekt in der Vorstellung in die Hand nehmen.

Mit Gefühlsbeteiligung

Besonders gut behalten wir Dinge, die mit starken Gefühlen verbunden sind. Wenn mich eine Schlange gebissen hat, reicht dieses eine Erlebnis, um mich mein Leben lang vor Schlangen zu hüten. Ich muss die Schlange nicht bitten, mich noch ein paar Mal zu beißen, um daraus zu lernen. Im Extremfall nennt man einen solchen Lerneffekt *Phobie*. Man kann übrigens mit Hilfe von NLP (Neurolinguistisches Programmieren) Phobien schnell wieder auflösen (normalerweise in weniger als einer Stunde). NLP ist eine Technik aus den USA, die nachvollziehbar machen will, wie erfolgreiche Menschen denken und handeln. NLP ist sehr wirkungsvoll und sollte deshalb verantwortungsvoll angewendet werden. Mehr Informationen zu NLP finden Sie in meinem Buch *Neue Lebens Perspektiven*.

Die oft wiederholte Behauptung, nur durch häufiges Wiederholen könne man lernen, stimmt einfach nicht. Bei starker Gefühlsbeteiligung reicht meist ein einziges Mal, um etwas dauerhaft zu lernen. Bei starker Gefühlsbeteiligung werden sofort dicke Nervenverbindungen gebildet. Deshalb ist es sinnvoll, den Lernstoff mit Gefühlsbeteiligung zu lernen. Ich persönlich bin dabei etwas einseitig, ich bevorzuge angenehme Gefühle. Wenn ich eine Fremdsprache lerne, büffle ich keine langweilige

Grammatik, sondern lese Comics in der Fremdsprache. Besonders gerne lese ich *Die Peanuts* und *Mickey Mouse*.

Interesse

Themen, die uns besonders interessieren, sind leichter zu lernen als etwas, das wir für eine Prüfung lernen müssen, das uns aber ansonsten nicht die Bohne interessiert. Wenn ich Spanisch lerne, weil ich mich in eine Spanierin verliebt habe, fällt mir das Lernen leicht. Je höher der Nutzen ist, den das Lernen bringt, desto größer ist die Motivation, etwas zu lernen.

Es ist günstig, sich Zeit zu nehmen für die Entscheidung, welchen Beruf man erlernt. Wer eine Ausbildung macht, die ihm wirklich liegt, wird leichter und mit mehr Freude lernen.

Bewegung

Unser Wahrnehmungssystem kann Bewegungen stärker wahrnehmen als Dinge, die feststehen. Urmenschen mussten im Urwald mehr auf Schlangen achten als auf Steine. Wir nehmen Bewegungen besser wahr und können sie uns leichter merken. Deshalb ist es oft sinnvoller, sich innerlich Filme zu machen als Bilder.

Mit Körperbeteiligung

Unser Körper hat auch ein Gedächtnis. Wenn ich einen Lernstoff mit Körperbewegungen begleite, bleibt er besser im Gedächtnis. Beim Lernen des englischen Wortes für *schwimmen* kann man die Bewegung des Schwimmens machen. Wer sich nicht lächerlich machen will, kann dies zu Hause machen.

Entspannen

Genauso wie Druck das Lernen erschwert, macht Entspannen das Lernen leichter. Entspanntes, lockeres, spielerisches Lernen ist effektiv und macht Spaß.

3.6 Wo lernen?

Der Raum beziehungsweise das Umfeld, in dem man lernt, beeinflusst den Lerneffekt. Normalerweise sind ruhige Räume günstig. Es gibt auch

Menschen, die mit leiser, entspannender Musik im Hintergrund am besten lernen. Ich bezweifle, dass man bei lauter Rockmusik gut lernen kann. Ich denke, es ist günstiger, sich Zeit zum Hören seiner Lieblingsmusik *und* zum Lernen zu nehmen. Es gibt allerdings Menschen, die im Trubel eines Kaffeehauses am besten schreiben, lesen und lernen. Und es gibt Menschen, die lieber in der freien Natur lernen oder während sie herumgehen. Das traditionelle Lernen im Sitzen hat Nachteile. Unser Gehirn braucht vor allem Sauerstoff. Wenn wir uns bewegen, wird der Kreislauf angeregt und transportiert mehr Sauerstoff ins Gehirn.

Wenn Sie im Haus lernen, ist es günstig, immer wieder frische Luft in den Raum zu lassen. Es ist ungünstig, dauernd ein Fenster einen Spalt breit offen zu lassen. Im Winter fließt damit nur die warme Luft nach außen und die stickige Luft bleibt im Raum. Es ist besser, alle 2 Stunden für ein paar Minuten mehrere Fenster weit zu öffnen. Damit wird die stickige Luft ausgetauscht und der Raum bleibt warm. Sie können mit Düften, die Sie mögen, die Stimmung im Raum verbessern. Es gibt kleine Geräte, die das Raumklima positiv beeinflussen, indem sie die Zahl der negativen Ionen in der Raumluft erhöhen, die so genannten *Luftionisatoren*. Wenn es zu kalt ist, sind wir abgelenkt und können uns schwer auf den Lernstoff einstellen. Wenn es zu warm ist, kann man müde werden. Eine Temperatur von etwa 19 – 20 Grad ist ideal zum Lernen.

Die meisten Menschen können in hellen Räumen besser lernen. Neonlicht ist auf Dauer ungesund. Glühbirnen, die das natürliche Spektrum des Sonnenlichtes nachahmen, die so genannten *Vollspektrumlampen*, sind ideal fürs Lernen. Man kann den Schreibtisch so aufstellen, dass das Tageslicht und das Licht der Lampe von links kommt, damit beim Schreiben nicht der Schatten der Hand auf das Geschriebene fällt (bei Linkshändern natürlich das Licht von rechts). Auch die Farbe des Raums beeinflusst das Lernen. Sie bringen Farbe in einen Raum, indem Sie die Wände streichen, farbige Lampenschirme benutzen oder bunte Bilder aufhängen. Zum Lernen sind in einem sanften, warmen Gelb oder Orange gehaltene Räume günstig. Bei Kindern, die langsam lernen, ist rotes Licht sinnvoll. Bei überaktiven Kindern unterstützt blaues Licht das Lernen. Pflanzen im Raum verbessern die Luft, bringen Farbe in den Raum und beruhigen.

Die meisten Menschen lernen in Räumen am besten, in denen die Aufmerksamkeit nicht durch Unordnung abgelenkt wird. Günstig ist ein freier Schreibtisch. Schreibtische sind nicht als Ablageplätze gedacht. Bücherstapel auf dem Schreibtisch stören bei der Arbeit. Bücher stellt man besser in ein Regal. Wenn man zum Lernen immer denselben Platz nutzt, werden der Ort und das Lernen im Gehirn miteinander verbunden. Sobald man sich an den Lernplatz setzt, kommt man in einen Zustand der aufmerksamen Neugierde. Die aus Asien kommende Lehre des *Feng Shui* beschäftigt sich ausführlich mit der Auswirkung von Räumen auf den emotionalen Zustand. Ich empfehle Ihnen zu diesem Thema das Buch von *Karen Kingston*.

3.7 Wann lernen?

Die Zeiten, zu denen Menschen am besten lernen, unterscheiden sich von Mensch zu Mensch. Ich bringe trotzdem ein paar Ideen zu diesem Thema. Mir ist bewusst, dass es gerade bei diesem Thema viele Ausnahmen von der Regel gibt.

Es ist besser, regelmäßig jeden Tag eine Stunde zu lernen als kurz vor der Prüfung 10 Stunden an einem Stück. Wenn man zu lange Zeit an einem Stück lernt, ist irgendwann das Gehirn erschöpft und jeder weitere Versuch, etwas ins Gehirn zu pressen, geht ins Leere und gefährdet das bisher an diesem Tag Gelernte. Ich habe die Erfahrung gemacht, dass vier Stunden Lernen am Tag optimal sind. Wenn ich versuche, länger zu lernen, bleibt im Endeffekt weniger hängen. Ich habe die optimale Zahl von 4 Stunden Lernen pro Tag auch bei einigen Lernpsychologen gelesen. Mir ist bewusst, dass bei Studiengängen wie Medizin 4 Stunden Lernen am Tag meist nicht reichen.

Günstig ist es, beim Lernen Gewohnheiten zu schaffen. Wer jeden Morgen direkt nach dem Aufstehen eine halbe Stunde joggen will, muss sich meist nur die ersten Wochen stärker motivieren, um wirklich jeden Morgen zu joggen. Nach etwa 5 Wochen wird das morgendliche Joggen zur Gewohnheit und man spult das Programm automatisch jeden Morgen ab. Beim Lernen kann es helfen, Gewohnheiten zu schaffen, etwa die Gewohnheit, jeden Tag eine Stunde zu lernen und immer die gleiche Zeit und denselben Ort zum Lernen zu nehmen. Die Zeit und der Ort sind dann mit dem Lernen verbunden. Wir unterschätzen oft den Langzeiteffekt von regelmäßiger geistiger Arbeit. Wer jeden Tag eine Stunde schreibt und dabei eine halbe Seite schafft, hat nach einem Jahr ein Buch geschrieben.

Viele Menschen lernen vormittags am besten, es gibt auch Menschen, die nachmittags, abends oder nachts am besten lernen. Sie können herausfinden, welche Zeiten Sie beim Lernen bevorzugen. Ich persönlich lerne in der Früh von 8 bis 12 Uhr am besten. Direkt nach dem Mittagessen fällt das Lernen oft schwer. Der Magen braucht zum Verdauen Energie, und diese Energie fehlt zum Lernen. Wenn man vegetarisch isst, wird dieser Effekt schwächer. Man kann direkt nach dem Essen mit ganzer Kraft weiterarbeiten. Allerdings braucht man oft eine kleine Zwischenmahlzeit, da vegetarisches Essen nicht so viel Energie liefert wie Fleisch.

Ein Mittagsschlaf kann erfrischend wirken und neue Energie geben. Wenn wir nach einem Kurzschlaf von etwa 15 Minuten direkt nach der ersten Traumphase aufwachen, fühlen wir uns meist erfrischt. Wenn man dagegen nach der Traumphase weiterschläft, fühlt man sich oft nach dem Aufwachen wie erschlagen. Es gibt eine Methode, wie man sicherstellen kann, direkt nach der erfrischenden Traumphase aufzuwachen. Man kann einen Schlüssel in die Hand nehmen und einen Teller unter die Hand stellen. Nach der ersten Traumphase entspannt die Hand und der Schlüssel fällt mit Geschepper auf den Teller, und man wacht auf.

Es ist günstig, das an diesem Tag Gelernte kurz vor dem Einschlafen zu überfliegen, weil das Abspeichern des Gelernten im Schlaf geschieht. In Fachbüchern, die mir selbst gehören, markiere ich die wesentlichen Wörter und Sätze, das sind pro Seite 2 bis 3 Sätze, mit einem farbigen Textmarker. Das macht Spaß und ist kreativ. Kurz vor dem Schlafengehen überfliege ich das ganze Buch in ein paar Minuten, indem ich die markierten Sätze durchlese. Im Schlaf wird das Wesentliche des Buches automatisch abgespeichert. Dieser Abschnitt illustriert, wie ein markierter Text aussehen kann.

Pausen machen

Zum entspannten und lockeren Lernen gehört auch, Pausen zu machen. Wenn wir uns beim Lernen Pausen gönnen, gewinnen wir Zeit. Ich habe in der Literatur die unterschiedlichsten Angaben zu der günstigsten zeitlichen Verteilung der Pausen gefunden. Jeder Mensch hat da andere Vorlieben. Ich persönlich mache jeweils nach 50 Minuten Lernen eine Pause von 10 Minuten. Während der Pausen ist es nicht so günstig, sich mit geistiger Arbeit wie *Zeitung lesen* zu beschäftigen. Günstig sind Bewegung, Entspannungsübungen, Gymnastik, Tanzen, Musik hören oder eine leichte Tätigkeit wie Blumen gießen.

Die drei Lernphasen

Normalerweise lernen wir in drei Phasen oder Schritten.

1. Phase: Zuerst wird uns bewusst, dass wir etwas nicht können, und es entsteht der Wunsch, es zu lernen.
2. Phase: Wir lernen und sind mit der ganzen Aufmerksamkeit bei der Sache. Wenn man Auto fahren lernt, muss man auf die verschiedensten Dinge gleichzeitig achten: die Straße, das Schalten und Kuppeln usw. Diese Lernphase kann anstrengend und frustrierend sein. Uns wird erst einmal bewusst, was wir noch nicht können. Diese Phase ist aber sehr produktiv, hier lernt man am meisten.
3. Phase: Wenn man nach ein paar Jahren zu einem guten Autofahrer geworden ist, kann man sich während der Fahrt mit dem Beifahrer unterhalten. Das Fahren selbst machen wir nebenbei, automatisch, unbewusst. Das bedeutet nicht, dass man beim Autofahren schlafen oder träumen darf. Es bedeutet, dass man schaltet und die Kupplung bedient, ohne mit seiner bewussten Aufmerksamkeit darauf zu achten. Alles, was wir gut beherrschen, machen wir unbewusst, ohne darüber nachzudenken. Wir achten beim Sprechen nicht darauf, wie wir unsere Zunge bewegen. Es ist uns nicht bewusst, wir können es auch nicht beschreiben. Wir beherrschen eine Tätigkeit, wenn sie in Fleisch und Blut übergegangen ist, wenn wir sie automatisch ausführen, ohne bewusst darauf zu achten.

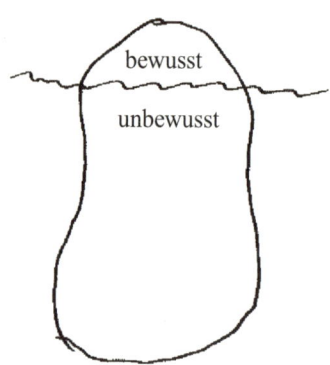

Ich erkläre, was ich mit den Begriffen *bewusst* und *unbewusst* meine. Unter *bewusst* verstehe ich alles, was einem im Moment bewusst ist. Wenn ich Sie frage, wie sich Ihre linke große Zehe anfühlt, wird es Ihnen jetzt bewusst, davor haben Sie wahrscheinlich nicht darauf geachtet. Das Verhältnis von bewusst zu unbewusst kann man mit dem Bild eines Eisberges vergleichen, bei dem nur die kleine Spitze über Wasser sichtbar ist. Nur ein kleiner Teil der Arbeit unseres Gehirns gelangt in unser Bewusstsein. Den Großteil der Arbeit erledigt unser Gehirn unbewusst. So kann man den Atem bewusst steuern, die meiste Zeit atmen wir automatisch, ohne uns dessen bewusst zu sein.

3.8 Ganzheitliches Lernen

Wir lernen am besten *ganzheitlich*. *Ganzheitliches Lernen* bedeutet, zum einen mit seiner ganzen Person zu lernen, mit beiden Gehirnhälften, dem Verstand und den Gefühlen, *und* mit dem Körper. Zum anderen, den Lernstoff nicht isoliert, sondern im Zusammenhang zu lernen. Ich nenne hier die wichtigsten Aspekte des ganzheitlichen Lernens, die das Lernen effektiv und angenehm machen.

Erfolgreich lernen mit Spaß
Wiederholen, auf verschiedene Arten.
Nicht isolierte Informationen, sondern im Zusammenhang.
Es verstehen (sich etwas darunter vorstellen).
Mit allen fünf Sinnen (sehen, hören, fühlen, riechen, schmecken)
aufnehmen und abspeichern.
Mit Gefühlsbeteiligung.
Mit Spaß, spielerisch.
Mit Interesse.
Mit Körperbeteiligung, den Lernstoff pantomimisch darstellen.
Mit Bewegung, dynamisch, einen Film daraus machen.
Etwas tun mit dem Lernstoff, den Lernstoff kreativ, phantasievoll
und spielerisch anwenden.
Gelerntes überschlafen.
Bewusstes und unbewusstes Lernen (Hörkassetten nebenher anhören).
Aus dem Buch: *Effektiv und mit Leichtigkeit lernen* von Martin R. Mayer.
Mit Nennung der Quelle ist das Kopieren dieses Kästchens erlaubt.

Die einzelnen Schritte beim ganzheitlichen Lernen
Ganzheitliches Lernen geschieht meist in folgenden Schritten:
1. Überblick
   Man verschafft sich einen Überblick über den Lernstoff. Damit schafft man eine Struktur, in die man die einzelnen Informationen einfügen kann. Diese Struktur kann man mit den dicken Ästen eines Baumes vergleichen, von denen viele kleine Zweige mit Detailinformationen abzweigen. Auf Seite 200 und 201 finden Sie einen solchen „Informationsbaum" zum Beispiel *Lernen lernen*.
2. Den Lernstoff aufnehmen
   Im nächsten Schritt nimmt man den Lernstoff auf.
3. Den Lernstoff verknüpfen, verankern
   Man verbindet die neuen Informationen mit schon im Gedächtnis vorhandenen Informationen. Während man spielerisch und kreativ auf vielfältige Art mit dem Lernstoff arbeitet, verankert man ihn fest im Gehirn.
4. Den Lernstoff wieder zugänglich machen
   Im letzten Schritt übt man, sich den Lernstoff wieder zugänglich zu machen. In einem Quiz kann man spielerisch sein Wissen und seine Fähigkeiten testen. Man kann etwas über das Gelernte erzählen oder etwas darüber schreiben.

Zum Abschluss dieses Kapitels eine Anekdote:

Romfahrt
Ich begleitete mit einem Kollegen die 13. Klasse auf ihrer Abiturfahrt nach Rom. Die Schüler hatten nach einer Woche von dem Kulturprogramm die Nase gestrichen voll und baten uns, ihnen den letzten Tag freizugeben. Mein Kollege hatte Bedenken, ließ sich schließlich doch überstimmen. Am Morgen des freien Tages fragte er mich: „Nun, Herr Kollege, was gedenken Sie am heutigen Tage zu unternehmen?" Ich antwortete: „Ich will nur so durch Rom bummeln und es genießen, mal keinen Lehrer und keinen Schüler zu sehen." – „Das ist eine ausgezeichnete Idee, da komme ich mit!"

Teil C

Einzelne Aspekte des Themas „Lernen"

Wir betrachten in diesem Teil ausführlich die einzelnen Aspekte des Themas *Lernen*, die wir im letzten Teil kurz angeschnitten haben.

4. Wiederholen

Nervenverbindungen werden mit jeder Benutzung dicker und übertragen so Informationen schneller. Deshalb ist es sinnvoll, den Lernstoff zu wiederholen. Mit jeder Wiederholung wird die Information fester im Gehirn verankert. Es gibt allerdings noch andere Möglichkeiten, das Speichern zu verstärken, zum Beispiel das Verbinden mit einem Gefühl. Wiederholen hat den Nachteil, dass es langweilig werden kann. Langweile ist ein Lernkiller. Wiederkäuen ist nicht für Schüler, sondern für Kühe. Es gibt aber Lerngebiete, in denen man kaum ohne ständiges Üben und Wiederholen weiterkommt. Zum Beispiel beim Sport, oder wenn man lernt, Klavier zu spielen. Ein großer Musiker sagte einmal: „Wenn ich einen Tag nicht geübt habe, kann *ich* es hören. Wenn ich eine Woche nicht übe, merken es meine Schüler. Wenn ich einen Monat nicht übe, merken es meine Zuhörer." Ein guter Musiker hat bis zu seinem 20. Lebensjahr etwa 20 Tausend Stunden mit seinem Instrument geübt.

Man kann das Wiederholen interessanter machen, indem man das Üben bei jeder Wiederholung ein bisschen variiert. Ich habe eine Zeit lang Karatetraining gegeben. Beim Karate muss man immer wieder die gleiche Technik wiederholen, zum Beispiel einen Fußkick. Man macht das Wiederholen interessanter, indem man seine Aufmerksamkeit bei jeder Wiederholung auf etwas anderes richtet, auf die Atmung, die Bewegung der Hüfte usw. Mit jeder Variierung werden neue Nervenbahnen geprägt, das Gelernte wird fester im Gehirn verankert. Ich betrachte in diesem Buch einige wesentliche Themen immer wieder aus verschiedenen Perspektiven, um sie zu vertiefen.

Man kann eine Bewegung im Sport oder beim Klavierspielen in Zeitlupe machen, um sie fester im Gedächtnis zu verankern. Man kann die Bewegung auch in der Vorstellung in Zeitlupe durchspielen.

Oft ist es sinnvoll, etwas in verschiedenen Zeitabständen zu wiederholen. Man kann sich zwischen den Wiederholungen Zeit lassen. In welchen Zeitabständen man etwas am besten wiederholt, hängt von der Person und vom Lernstoff ab. Man kann den Lernstoff am Abend wiederholen, am nächsten Tag, nach drei Tagen, nach einer Woche und nach einem Monat. Am besten wiederholt man den Lernstoff am Anfang öfter und dann immer seltener.

Um das Wesentliche dieses Kapitels zu wiederholen:
Wiederholen ist *eine* Möglichkeit, das Lernen zu vertiefen. Wir können das Üben und Wiederholen interessanter machen, indem wir beim Wiederholen variieren. Wenn wir dieselbe Bewegung wiederholen müssen, können wir die Bewegung aus verschiedenen Perspektiven betrachten.

Zum Schluss dieses Kapitels eine kleine Geschichte:

Ein Mann mit einem Geigenkoffer fragt einen Passanten: „Wie kommt man von hier zum Konzertsaal?" Der Passant antwortet lächelnd: „Durch viel Üben, durch viel Üben!"

5. Im Zusammenhang lernen

Wenn wir einen Lernstoff mit vielen schon bekannten Informationen verbinden, bleibt er besser im Gedächtnis und es gibt mehr Möglichkeiten, ihn später abzurufen. Hier sind ein paar Ideen, wie Sie Informationen miteinander verbinden können.

Frei assoziieren

Überlegen Sie, was Sie schon über einen Lernstoff wissen. Wenn Sie etwas über Australien lernen wollen, können auch triviale Informationen wie die Kängurus als Einstieg nützlich sein. Lassen Sie Ihre Phantasie fließen und überlegen Sie, was Ihnen alles zu dem Lernthema einfällt.

Ursache und Wirkung

Sie können Zusammenhänge von Ursache und Wirkung finden (weil ich gegen die Flasche stoße, fällt sie um).

Problem, Werkzeug und Ziel

Sie können einen Zusammenhang zwischen einer Problemstellung, dem erwünschten Ziel und den Wegen beziehungsweise Hilfsmitteln zur Erreichung des Zieles herstellen.

Die Zeit

Sie können einen zeitlichen Zusammenhang finden: Die zeitliche Abfolge (Morgen, Mittag, Abend). Sie können den Stoff mit etwas verbinden, das Sie schon kennen oder in der *Vergangenheit* erlebt haben, das Sie in der *Gegenwart* beschäftigt oder das Sie in der *Zukunft* anwenden können. Sie können betrachten, was gleichzeitig mit einem Vorgang geschieht. Beim Lernen von Geschichte können Sie überlegen, was gleichzeitig in anderen Ländern und auf anderen Gebieten (Kultur, Technik, Wissenschaft, Religion) geschehen ist.

Die räumliche Verteilung

Die räumliche Verteilung, etwa von Ost nach West, von unten nach oben (bei einem Baum von den Wurzeln über den Stamm zu den Ästen). Sie können überlegen, was sich sonst noch an einem Ort befindet oder einmal befunden hat.

Ähnlich, gleich oder unterschiedlich

Informationen können ähnlich sein (stark und kräftig), sich unterscheiden oder Gegensätze sein (groß – klein). Das Wort *Definition* bedeutet genau dies, es benennt, was etwas nicht ist und wovon es sich wie unterscheidet. Juristen lernen Gesetze, indem sie untersuchen, in welchen Fällen ein Paragraph zutrifft und in welchen nicht. Eine Information kann auch typisch für einen bestimmten Sachverhalt sein (ein Spatz ist ein typischer Vertreter der Vögel).

Ein Kreislauf

Oft kann man eine Reihe von Einzelinformationen in einen Kreislauf beziehungsweise ein System einbinden, zum Beispiel:

Frühling > Sommer > Herbst > Winter > Frühling >
Quelle > Bach > Fluss > Meer > Wolke > Regen > Grundwasser > Quelle >

Überbegriffe, Parallelbegriffe und Unterbegriffe

Man kann Überbegriffe, Parallelbegriffe und Unterbegriffe zu einer Information finden, sie damit in ein Netzwerk eingliedern. Ich erkläre an dem Begriff *Möbel*, was ich darunter verstehe:

Überbegriff:		Ware	
Parallelbegriffe:	Lebensmittel	*Möbel*	Autos
Unterbegriffe:	Stuhl	Tisch	Schrank

Überbegriffe zu dem Wort *Möbel* sind z. B. *Ware* oder *Ding*. Parallelbegriffe sind andere Waren wie Lebensmittel und Autos, Unterbegriffe sind Beispiele für Möbel wie Stuhl oder Einzelheiten des Gegenstandes (Stuhl > Stuhlbein). Wenn man Überbegriffe, Parallelbegriffe und Unterbegriffe zu einem Wort findet, ordnet man es in eine Netzstruktur ein, die es fest im Gedächtnis verankert.

Verschiedene Erscheinungen unter *einem* Begriff zusammenzufassen und zu benennen gehört zu den wichtigsten Tätigkeiten des Denkens. Wenn man *Stühle, Tische* und *Schränke* unter dem Begriff *Möbel* zusammenfasst, hat man viele Informationen auf einmal gespeichert.

Mit der Benennung ist oft eine Bewertung beziehungsweise ein Urteil verbunden. Bekannt ist das Beispiel von dem *halb leeren* beziehungsweise *halb vollen* Glas. Wir können eine Erfahrung als einen Fehler, als einen Beweis für Versagen, für Dummheit bezeichnen oder als Gelegenheit und Chance, etwas zu lernen. Eine Zeitung kann ein und denselben Mordfall so beschreiben: *Mann, Arbeitsloser, Türke, Moslem, Behinderter* tötet Kind. Mit jeder dieser Benennungen wird der Mord völlig anders bewertet. Mit den verschiedenen Bezeichnungen kann man Menschen manipulieren. Oft werden Erscheinungen unter *einem* Begriff zusammengefasst, die nicht zusammengehören. Zum Beispiel, wenn jemand *Arbeitslose, Kranke, Behinderte, Prostituierte, Kriminelle, Moslems und Ausländer* unter dem Begriff *Asoziale* zusammenfasst. Das Zusammenfassen von Erscheinungen, die nicht zusammengehören, unter *einem* Begriff wird oft benutzt, um zu manipulieren. Die Zusammenfassung von vielen Einzelinformationen unter einem Begriff erleichtert das Denken und Lernen. Es führt jedoch in die Irre, wenn man Dinge zusammenfasst, die nicht zusammengehören, oder wenn man vergisst, dass Begriffe nur Verallgemeinerungen sind und oft mit einer Bewertung verbunden sind. Für mich ist es ein Zeichen für guten Journalismus, wenn Beschreibung und Bewertung getrennt werden.

Struktur beziehungsweise der rote Faden

Wenn man einen Text lernen will, kann man die Struktur finden, die dem Text zugrunde liegt, man kann den roten Faden finden, der sich durch den Text zieht. In dem hier vorliegenden Buch ist ein roter Faden, dass Lernen Spaß machen kann.

In Kapitel 16 stelle ich noch eine Möglichkeit dar, wie man etwas in einem Zusammenhang lernen kann, das so genannte *Mindmapping*.

Ein Muster erkennen oder eine Struktur finden

Schachmeister können sich an Schachpositionen, auch aus Spielen von anderen Spielern, gut erinnern, da sie darin bestimmte Muster und Strukturen erkennen. An eine zufällige Aufstellung der Figuren auf dem

Brett können sie sich nur schlecht erinnern; sie sind da meist nicht besser als schwache Spieler.

Verbunden mit dem Ort, wo man etwas gelernt hat
Informationen sind im Gehirn auch mit dem Ort verbunden, an dem wir die Informationen gelernt haben. Eine Gruppe von Studenten lernte in einem Hörsaal. Die eine Hälfte der Studenten wurde in diesem Saal geprüft, die andere Hälfte in einem anderen Raum. *Die* Studenten, die in dem Raum die Prüfung ablegten, in dem sie gelernt hatten, schnitten bedeutend besser ab. Wenn mir eine Information nicht einfällt, kann ich mir vorstellen, mich in dem Raum zu befinden, in dem ich gelernt habe. Ich kann mir auch die Buchseite vorstellen, auf der ich die Information gelesen habe. Wenn ich eine Stadt besuche, in der ich vor Jahren schon einmal war, fallen mir Dinge ein, von denen ich nicht wusste, dass ich sie im Gedächtnis behalten habe. In einer Straße, in der ich schon einmal war, fällt mir ein, dass um die Ecke ein kleines Café ist.

Wenn man einen Schlüssel verloren hat, kann man in der Vorstellung zurückgehen bis zu dem Moment, von dem man sicher ist, dass man den Schlüssel noch hatte, und dann Schritt für Schritt in der Vergangenheit nach vorn gehen und überlegen, wo der Schlüssel geblieben sein könnte.

Um Ihnen noch ein paar Ideen zu geben, wie Sie eine Information mit etwas verbinden können, will ich untersuchen, welche Möglichkeiten es gibt, ein Wort zu erklären. Stellen Sie sich vor, sie wollen einem Ausländer, der wenig Deutsch spricht, etwas mitteilen. Welche Möglichkeiten kennen Sie dafür? Möglichkeiten, einem Ausländer etwas mitzuteilen:

....

....

....

Ich habe 34 Möglichkeiten gefunden. Natürlich lassen sie sich nicht immer alle anwenden.

Möglichkeiten, einem Ausländer etwas mitzuteilen:
1. Das Wort übersetzen
2. Auf den Gegenstand zeigen
3. Den Gegenstand zeichnen

4. Ein Beispiele geben (Stadt: Rom, Hamburg, München)
5. Das Gegenteil nennen (groß = nicht klein)
6. Es erklären (Auto: Wagen mit Motor)
7. Es vorspielen (schwimmen)
8. Ein typischer Satz mit … (Flugzeug: ich fliege mit … nach Australien)
9. Was macht es? (Huhn: es legt Eier)
10. Wofür brauche ich es? (Messer: ich schneide damit Brot)
11. Wie sieht es aus? (Zebra: es hat Streifen)
12. Welche Farbe hat es? (Tomate: rot und rund)
13. Wie groß ist es? (Atom: ganz, ganz klein)
14. Welche Geräusche macht es? (Katze: miau)
15. Wie fühlt es sich an? (Honig: süß und klebrig)
16. Welche Temperatur hat es? (Sonne: sehr groß und sehr heiß)
17. Ist es hart oder weich? (Diamant: sehr hart und sehr teuer)
18. Oder flüssig? (Wasser: flüssig und trinkbar)
19. Wie riecht es? (Parfum: riecht gut und ist teuer)
20. Wie schmeckt es? (Zitrone: sauer und gesund)
21. Etwas Ähnliches (Mann: Person)
22. Wo ist es? (Eiffelturm: hoch und in Paris)
23. Wann gibt es das? (Weihnachten: am 24.12.)
24. Wo bekomme ich es? (Wurst: beim Metzger)
25. Woraus besteht es? (Glas, aus Sand)
26. Wie wird es hergestellt? (Glas: geblasen)
27. Was kostet es? (Haus: groß, es kostet ungefähr 300.000.– Euro)
28. Welche Bewegung macht es? (Fahrrad: die Bewegung des Pedals)
29. Welche Eigenschaften hat es? (Glas: durchsichtig; Nebel: undurchsichtig)
30. Welche Form? (Ball = eine Kugel)
31. Welche Spuren hinterlässt es? (Bild einer Reifenspur)
32. Firmenname (Tempo, Cola, Pattex)
33. Dazu passend: Katz und … (Maus)
34. Überbegriff, Unterbegriff, Parallelbegriff

Zusammenfassung dieses Kapitels:

Mit je mehr verschiedenen Informationen Sie einen Lernstoff verbinden, desto besser bleibt er im Gedächtnis haften und desto mehr

Möglichkeiten haben Sie später, sich wieder an den Lernstoff zu erinnern.

Zum Abschluss dieses Kapitels eine Anekdote:

Theatertreffen
Großes Treffen von Jugendtheatern. Nach den Vorstellungen von Theatergruppen aus ganz Deutschland kam die Preisverleihung. Ein liebenswert kauziger Professor mit langen Haaren, Rollkragenpullover und beigem Jackett hält eine langatmige Rede.

Als ich nach Hause gehen will, komme ich im Foyer zufällig bei dem Professor vorbei. Ich flüstere ihm zu: „Also, diesen Professor haben Sie wirklich toll gespielt!"

6. Verstehen und Praxisbezug

Eine besondere Form des Lernens im Zusammenhang ist das Verstehen. Wir verstehen etwas, wenn wir es mit einer Erfahrung verbinden, mit etwas, das man sieht, hört oder fühlt. Wenn ich das Wort Baum verstehe, sehe, höre oder fühle ich in der Vorstellung einen Baum. Meist ist es sinnlos, etwas auswendig zu lernen, das man nicht versteht. Die Formel *Druck = Kraft durch Fläche* kann ich mit der Erfahrung verbinden, dass der Druck einer Bleistiftspitze auf einem Daumen größer ist als der Druck des stumpfen Endes. Ein Zeichen dafür, dass man etwas verstanden hat, ist, dass man den Lernstoff in der Praxis anwenden kann.

Sie können überlegen, wo das Gelernte in der Praxis eine Rolle spielt oder wann Sie es anwenden können. Die Erkenntnis der Physik, dass Reibung zu Wärme führt, kann man im Winter nutzen, indem man seine kalten Hände reibt. Reibungswärme kann dazu führen, dass Bremsen heißlaufen. Je mehr Beispiele man findet, in denen der Lernstoff eine Rolle spielt, desto mehr Nervenverbindungen werden geschaffen. Das Gelernte wird stärker im Gedächtnis verankert und ist auf mehr Arten wieder zugänglich zu machen. Wir lernen leichter, wenn wir theoretische Aussagen mit konkreten Beispielen illustrieren. Wir behalten Konkretes besser als Allgemeines, weil wir uns Konkretes besser vorstellen können und es uns emotional mehr berührt. Wir können einen Lernstoff vertiefen, indem wir uns überlegen, in welchen Situationen er eine Rolle spielt oder wann wir ihn anwenden können. Und wir können den Lernstoff gleich praktisch auf möglichst viele verschiedene Arten anwenden.

Oft entstehen Lernschwierigkeiten, weil jemand die Grundlagen oder Grundbegriffe eines Faches nicht verstanden hat. Ich habe eine Zeit lang Schüler beim Erstellen der Hausaufgaben betreut. Die Schüler konnten perfekt Aufgaben wie $\frac{2}{3} \times \frac{4}{5}$ lösen. Wenn aber eine Aufgabe kam wie $\frac{1}{2} \times 1$ oder $\frac{1}{2} \times 0$, wussten sie nicht weiter. Das Problem lag darin, dass die Schüler nicht wussten, was 1/2 bedeutet. Natürlich hatten die Lehrer das irgendwann erklärt. Die Schüler hatten es aber vergessen und rein mechanisch die Aufgaben gelöst. Wenn eine Aufgabe aus dem Rahmen fiel, wussten die Schüler nicht mehr weiter, weil sie die Grundlagen nicht verstanden hatten.

Den Erkenntnisprozess nachvollziehen

Eine Möglichkeit, ein Lerngebiet von Grund auf zu lernen, ist, den Gang der wissenschaftlichen Erkenntnis nachzuvollziehen. Wer sich mit der Geschichte der Erkenntnis in einem Fach wie Astronomie beschäftigt, kann wie in einem Krimi die wesentlichen Fragen und Irrwege des Gebietes erfassen. Gute Lehrer arbeiten oft mit der Methode, die Schüler den Prozess der Erkenntnis nachvollziehen zu lassen. Das Aha-Erlebnis bei selbst gewonnenen Erkenntnissen ist motivierend.

Die Geschichte eines Wortes untersuchen

Man kann ein Wort tiefer verstehen, wenn man die Entstehungsgeschichte des Wortes verfolgt. Man kann die Geschichte von Wörtern in einem etymologischen Wörterbuch nachlesen.

Was kann man tun, wenn man etwas nicht verstanden hat?

Man kann den Lehrer fragen. Die Aussage „Ich habe dies nicht verstanden" ist nie dumm. Wenn *ein* Schüler fragt, haben meist fünf andere Schüler es auch nicht verstanden. Was kann man tun, wenn kein Lehrer da ist, den man fragen kann? Man kann andere Schüler, Freunde oder Verwandte fragen. Man kann bei einer Suchmaschine im Internet (*www.google.de*), in einem Lexikon oder in Fachbüchern nachschauen.

Wie findet man ein gutes Lehrbuch?

Ich nehme mir lieber Zeit, ein Lehrbuch zu finden, das mir entspricht, als mich mit einem Buch herumzuärgern, das ich nicht verstehe. Wie findet man gute Lehrbücher? Man kann in Buchläden und Bibliotheken fragen, Freunde und Bekannte fragen. Ich wähle Bücher so aus: Ich überfliege kurz die Gliederung und das Literaturverzeichnis. Dann schlage ich das Buch irgendwo auf und lese *einen* Satz. Dabei frage ich mich: Verstehe ich den Satz? Kann ich mir zu dem Satz innere Bilder machen? Kann man den Inhalt des Satzes einfacher und klarer darstellen? Viele Autoren verbergen unklare Gedankengänge hinter einer Nebelwand von Fremdwörtern und komplizierten Sätzen. Etwas aufwendiger ist folgende Methode: Wenn das Buch ein Stichwortverzeichnis besitzt, nehme ich *ein* Stichwort und schlage die erste Stelle im Buch nach, an der dieses Stichwort vorkommt. Hier müsste das Wort verständlich erklärt werden.

Ich schäme mich nicht, auf Bücher für Kinder zurückzugreifen, wenn ich etwas nicht verstehe. Die meisten Computerbücher für Erwachsene sind zu kompliziert geschrieben, die Bücher für Kids verstehe ich meistens. Man kann auch mehrere Bücher zu einem Thema parallel lesen, in Buch A ist das eine gut erklärt, in Buch B etwas anderes.

Viele Menschen lassen sich von Büchern beeindrucken, die unverständlich geschrieben sind. In der Welt der Akademiker ist es fast verpönt, verständlich zu schreiben. Man darf zum Beispiel nicht schreiben „ich denke", sondern muss schreiben: „Nach eingehender und gewissenhafter Abwägung aller Argumente, die dafür oder dagegen sprechen, kommt man zum Schluss, dass …" Ein Gedanke wird nicht wissenschaftlicher, wenn man diese Phrase davor setzt. Das sind Leerformeln wie früher in der DDR der Satz „die unverbrüchliche Freundschaft zu dem großen sowjetischen Brudervolk". Diese Sätze klingen gut oder sind politisch erwünscht, haben aber keinen Inhalt. Es gibt allerdings auch Wissenschaftler wie Frederic Vester und Oliver Sacks, die verständlich und lebendig schreiben. Einstein schrieb: „Die meisten Grundideen der Wissenschaft sind an sich einfach und lassen sich in der Regel in einer für jedermann verständlichen Sprache wiedergeben."

Übung zum Verstehen von Texten

Es folgt eine Übung, bei der Sie lernen können, einen Lerntext zu verstehen, das heißt, ihn mit Erfahrungen zu verbinden, mit etwas, das man sehen, hören oder fühlen kann.

Nehmen Sie einen Text aus der Zeitung und setzen Sie die Informationen des Textes in Bilder um, zeichen Sie einen Comic zu dem Text. Benutzen Sie keine Wörter und Buchstaben. Zeichnen Sie die Bilder so, dass Sie sich an den Inhalt des Satzes erinnern, wenn Sie die Bilderfolge in einer Woche wieder anschauen. Bleiben Sie nicht an den Wörtern hängen, wichtig ist der Inhalt. Wenn Sie eine Buchmesse darstellen wollen, zeichnen Sie für *Messe* keine Kirche, das Wort Messe bedeutet hier etwas anderes. Ein Beispiel: Ich habe für den Satz „Die Telekom-Aktie ist abgestürzt" Folgendes gezeichnet:

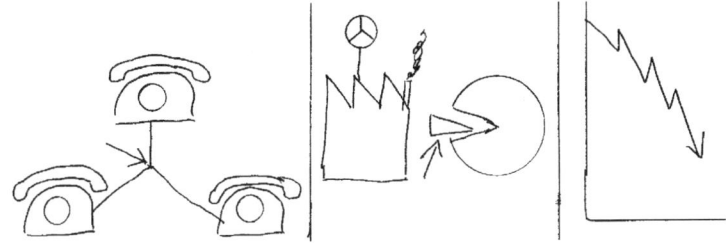

Gehen Sie mit Ihren Bildern möglichst auf konkrete Dinge zurück, also für Telekom kein T. Was macht eigentlich die Telekom? Viele denken, die Telekom verkaufe hauptsächlich Telefone. Die Telekom ist eine Telefongesellschaft, die das Telefonnetz zur Verfügung stellt, das viele Telefone verbindet. Was ist eine Aktie? Viele denken, eine Aktie sei so etwas wie Geld. Solch halb verstandene Informationen können zu einem bösen Erwachen führen, wenn eine Firma in Konkurs geht, deren Aktien man gekauft hat. Eine Aktie ist ein Anteil an einer Firma. Mit einer Aktie ist man am Gewinn einer Firma beteiligt. Man kann eine Aktie als ein Stück vom großen Kuchen einer Firma darstellen.

Wie kann man folgende Worte bildlich darstellen?

wahrscheinlich, Wochenende, Beginn, Jahr, Schwester, Gerechtigkeit, Verbot

(Mögliche Lösungen finden Sie auf Seite 57.)

Man kann Information in ein Piktogramm umwandeln. Verkehrsschilder und Piktogramme müssen schnell verstanden werden. Ein paar Beispiele für Piktogramme:

| ok | rechts | Lächeln | Gefahr | Flughafen | Sonne | Öl | Eis |

Für abstrakte Begriffe kann man ein Sinnbild finden, eine Allegorie. Das Bild der Justitia mit der Waage ist eine Allegorie für Gerechtigkeit.

In dem Buch *Englisch lernen – Bild für Bild* von *I. A. Richards* können Sie Anregungen bekommen, wie man Informationen in Bilder umwandeln kann. In diesem Buch wird der englische Grundwortschatz und die Grundgrammatik in einfachen Bildern dargestellt. Ich halte dieses Buch für eines der besten Bücher zum Thema *Lernen und Lehren*. Ein Beispiel aus dem Buch:

harte  weiche Kartoffel

Sie können jetzt mit der Übung beginnen, einen Text in einen Comic zu verwandeln.

Wenn Sie diese Übung eine Zeit lang gemacht haben, können Sie automatisch alles, was Sie lesen und hören, in innere Bilder verwandeln. Schüler, die dies machen, brauchen den Lernstoff meist nicht mehr zu wiederholen. Der Stoff ist mit dem ersten Lesen oder Hören fest eingeprägt.

Zum Abschluss dieses Kapitels eine Anekdote:

Fallgesetz

Unser Physiklehrer war ein eifriger Verfechter des anschaulichen Unterrichts. Als der Lehrplan die Behandlung der Fallgesetze vorsah, fragte er die Schulleitung, ob er mit der Klasse auf das flache Dach der Schule gehen dürfe, um uns dort die Fallgesetze möglichst anschaulich demonstrieren zu können.

Am nächsten Dienstag schien wie bestellt die Sonne. Zuerst ermahnte uns der Lehrer eindringlich, uns nur nicht über den Rand des Daches zu lehnen. Dann schritt er an den Vollzug des ersten Experimentes. Zu diesem Zweck nahm er in seine Linke eine Stoppuhr und in seine Rechte einen eigens dafür mitgebrachten Kieselstein, zählte bedächtig einundzwanzig, zweiundzwanzig, dreiundzwanzig, … drückte auf den Stein und ließ die Stoppuhr fallen.

Mögliche Lösungen der Aufgaben von Seite 55:

wahrscheinlich: Hier ist es wahrscheinlich, dass man eine 1 würfelt.

Wochenende

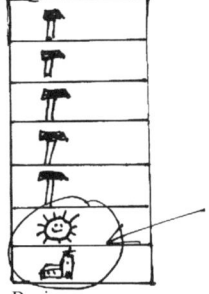

Beginn

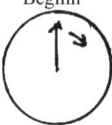

Jahr

Schwester

Gerechtigkeit = Justitia mit Waage

Verbot

7. Alle Sinneskanäle nutzen

Es ist günstig, mit möglichst vielen Sinnen zu lernen. Normalerweise benötigen wir beim Lernen das Riechen und Schmecken weniger. Wir lernen mit allen Sinnen, indem wir den Lernstoff mit allen Sinnen aufnehmen *und* ihn in allen Sinnen abspeichern, in Form eines inneren Bildes, eines inneren Tonbandes mit Musik, Geräuschen oder Sprache und innerem Fühlen. Welchen Sinneskanal bevorzugen Sie beim Lernen und in welchem können Sie sich etwas leicht merken? Sie können lernen, auch weniger vertraute Sinneskanäle zu nutzen.

Sehen

Besonders günstig fürs Lernen ist, wenn Sie innere Bilder sehen können, wenn Sie den Lernstoff quasi innerlich fotografieren können. In Bildern kann man viele Informationen gleichzeitig abspeichern. Sie können in Prüfungen von dem inneren Bildschirm abschreiben (dieses Abschreiben ist erlaubt). Kinder können einen Lernstoff in der Vorstellung auf ihr Lieblingstier oder ein Spielzeug projizieren und von dort abschreiben. Man kann die richtige Antwort auf eine Prüfungsfrage in der Vorstellung auf das Lösungsblatt projizieren. Es folgen ein paar Übungen, mit denen Sie das Sehen von inneren Bildern trainieren können. Bei allen Übungen ist günstig, sie locker und spielerisch zu machen. Wenn etwas am Anfang noch nicht so gut funktioniert, ist das ok. Wenn es gleich funktioniert, ist es natürlich auch ok. Sie können sich entspannen und ein paar Mal ruhig ein- und ausatmen. Atmen Sie während der Übungen ruhig weiter. Nach jeder Übung können Sie sich kurz dehnen und strecken und ihre Hände ausschütteln.

Übung 1: Visualisierung (innere Bilder sehen)

Schauen Sie einen Gegenstand, der Ihnen gefällt, ein paar Sekunden an. Schließen Sie die Augen und probieren Sie aus, den Gegenstand mit geschlossenen Augen zu sehen. Vielleicht fällt es Ihnen leichter, mit geöffneten Augen auf eine leere Wand zu schauen und sich den Gegenstand dort vorzustellen. Nehmen Sie immer mehr Details und vielleicht auch Farben in dem inneren Bild wahr.

Übung 2: Visualisierung (innere Bilder sehen)
Schließen Sie Ihre Augen und erinnern Sie sich an einen Ort, den Sie gut kennen und mögen, zum Beispiel Ihr Zimmer. Schauen Sie sich in der Vorstellung alles an und nehmen Sie immer mehr Details wahr.

Übung 3: Visualisierung (innere Bilder sehen)
Nehmen Sie ein Bilderbuch, einen Fotoband oder eine Illustrierte mit Bildern, die Ihnen gefallen. Sie können auch erotische Bilder nehmen. Öffnen Sie das Buch und schauen Sie sich ein Bild etwa 10 Sekunden lang an. Schließen Sie das Buch und zeichnen Sie das Bild mit dem Zeigefinger auf der Tischplatte nach. Das Gleiche können Sie mit den folgenden Seiten machen. Sie können sich langsam immer mehr Details merken. Den meisten Rechtshändern fällt es leichter, sich an Bilder zu erinnern, wenn sie dabei nach links oben oder in Augenhöhe vor sich blicken. Sie können die Bilder später auch mit einem Bleistift auf einem Papier nachzeichnen oder mit Worten beschreiben.

Wenn Sie diese Übungen jeden Tag eine Minute praktizieren, werden Sie sich wundern, wie sich Ihre Lernleistung verbessert. Noch eine, nicht ganz ernst gemeinte Aufgabe: Versuchen Sie, sich die richtige Reihenfolge der Zahlen in folgender Geschichte zu merken:
Ein Zweibein sitzt auf einem Dreibein und verspeist ein Einbein. Da kommt ein Vierbein und schnappt dem Zweibein das Einbein aus der Hand und läuft weg. Das Zweibein steht vom Dreibein auf, nimmt das Dreibein in die Hand und wirft es dem Vierbein hinterher. Das Vierbein lässt vor Schreck das Einbein fallen und flüchtet. Das Zweibein nimmt das Einbein vom Boden, wäscht es ab, setzt sich wieder auf das Dreibein und verspeist das Einbein.
Wie kann man sich die Reihenfolge der Zahlen in dieser Geschichte merken?
2, 3, 1, 4, 2, 1, 2, 3, 3, 4, 4, 1, 2, 1, 3, 1
Vielen Menschen fällt es schwer, sich eine Reihe von Zahlen zu merken. Wenn man sich die Geschichte bildlich vorstellt, fällt es leicht, sich die Reihenfolge der Zahlen zu merken. Unter einem Zweibein kann

man sich einen Mann vorstellen, unter einem Dreibein einen Hocker. Ein Einbein kann eine Hühnerkeule oder ein Eis*bein* sein (das Wort *Bein* ist ein altes Wort für Knochen). Ein Vierbein kann ein Hund sein. Wenn man die Geschichte mit Bildern verbindet, wird das Merken der Reihenfolge der Zahlen zum Kinderspiel.

Wenn ich einen Roman lese, sehe ich innerlich die Handlung vor mir, ich drehe innerlich einen Film zu dem Buch. Wenn ich später die Verfilmung des Buches sehe, bin ich meist enttäuscht. Mein eigener innerer Film gefällt mir fast immer besser. Mir fallen nur drei Verfilmungen von Büchern ein, die mir genauso gut gefallen haben wie mein eigener innerer Film. Es sind die Filme *Alexis Sorbas* nach *Kazanzakis*, *das Boot* nach *Buchheim* und *Zeit des Erwachens* nach *Oliver Sacks*. Ich habe einmal einem Studenten, der einen meiner Kurse besuchte, erzählt, dass ich beim Lesen von Romanen innere Bilder sehe. Der Student meinte: „Ich sehe beim Lesen gar nichts, ich höre nur etwas. Bei dem Wort *Wald* höre ich das Rascheln der Blätter." Am nächsten Tag sagte mir der Student: „Komisch, jetzt kann ich beim Lesen auch Bilder sehen." Dies ist ein Beispiel dafür, dass auch weitreichende Veränderungen beim Lernen oft schnell und leicht vor sich gehen.

Wenn Sie das, was Sie lesen oder hören, innerlich in Bilder oder Filme verwandeln, brauchen Sie es meist gar nicht mehr extra zu lernen. Unser Gehirn liebt bunte, interessante Bilder und Filme. Wir können uns meist an Bilder besser erinnern als an Zahlen oder Worte.

Ich will noch einen besonderen Fall der bildlichen Darstellung von Informationen behandeln, die digitale und analoge Darstellung. Sie kennen wahrscheinlich digitale und analoge Uhren und digitale und analoge Tachos im Auto. Bei einer analogen Darstellung stellt man die Information bildlich dar. Analoge Darstellungen kann man leichter und schneller verstehen und behalten. Sie lernen leichter, wenn Sie Informationen in analoge Bilder verwandeln.

	digital	analog
Uhr	12.05	
Tacho	60 km/St	

Problem links, Lösung rechts

Wenn Sie zu einem Lernstoff eine Skizze zeichnen, können Sie darauf achten, das Problem links und die Lösungsmöglichkeiten rechts darzustellen. In unserem Kulturkreis lesen wir von links nach rechts und betrachten deshalb Bilder von links nach rechts. Die schräge Linie auf dem linken Verkehrsschild empfinden wir als steigend, die auf dem rechten als abfallend.

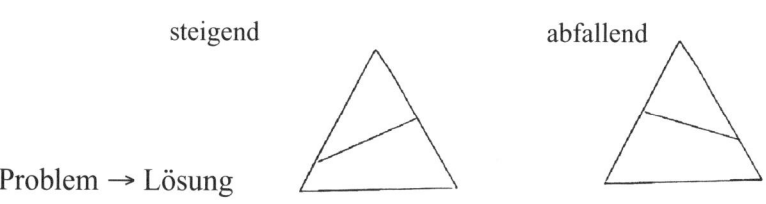

Ähnlich können Sie die Vergangenheit links, die Gegenwart in der Mitte und die Zukunft rechts darstellen.

Vergangenheit ——————— Gegenwart ——————→ Zukunft

Aus verschiedenen Perspektiven betrachten

Es kann sinnvoll sein, einen Gegenstand in der Realität und in der Vorstellung aus verschiedenen Perspektiven zu betrachten. Wenn man ein mechanisches Uhrwerk oder ein Molekül von allen Seiten betrachtet, gewinnt man ein tiefes Verständnis.

Hören

Untersuchen wir als Nächstes das Hören. Wir können Informationen über die Ohren aufnehmen *und* wir können den Lernstoff auf einer Art innerem Tonband speichern und anhören.

Wer gerne über das Hören lernt, kann Seminare und Vorträge besuchen, im Radio Sendungen zu dem Thema anhören, Hörbücher zu dem Thema besorgen und sich mit Freunden über das Thema unterhalten. Man kann einen Lernstoff in einem Rollenspiel durchspielen. Man kann widersprechende wissenschaftliche Theorien in einem wissenschaftlichen Disput darstellen. *Ein* Schüler vertritt die These, dass die Sonne sich um die Erde bewegt, ein anderer Schüler vertritt die These, dass die Erde sich um die Sonne bewegt. Es kann Spaß machen und das Selbstbewusstsein stärken, in die Rollen von berühmten Wissenschaftlern wie Galilei oder Newton zu schlüpfen.

Auch wenn wir lesen, nutzen wir den Sinneskanal des Hörens, denn wir sprechen normalerweise im Kopf mit, was wir lesen. Sie können Bücher lesen, den Text laut oder leise vorlesen oder innerlich vor sich her sagen. Und sie können den Text auf ein Tonband aufnehmen und das Band immer wieder anhören.

Sie können einen Vortrag zu dem Thema halten, mit Zuhörern, für sich alleine oder nur in der Vorstellung. Sie können den Vortrag in der Vorstellung ein paar Mal immer schneller innerlich abspielen lassen. Sie können experimentieren, mit welcher inneren Stimme Sie einen Lernstoff am liebsten anhören, vielleicht mit Ihrer eigenen Stimme oder der Stimme einer Person, die Sie besonders mögen oder achten. Sie können auch Stimmen von berühmten Personen nehmen. Für das innere Tonband muss man keine Gebühren bezahlen. Vielleicht können Sie sich einen Gesetzestext, den Sie auswendig lernen müssen, leichter merken, wenn sie den Text mit der erotischen Stimme von *Jane Birkin* aus dem Song *Je t'aime, moi non plus* innerlich gesprochen hören. Wenn Sie lernen wollen, ein inneres Tonband zu hören, können Sie ein Musikstück, das Sie mögen, mehrmals hintereinander anhören und ausprobieren, ob Sie es innerlich hören können.

Das Lernen von Texten fällt oft leichter, wenn sie rhythmisch gesprochen werden. Zu den ersten und prägendsten Erfahrungen eines Menschen gehört das Hören des Herzschlages der Mutter im Mutterleib. Das Hören von Musik in diesem Rhythmus bringt uns in einen ruhigen und entspannten Zustand. Viele Tätigkeiten fallen uns leichter, wenn wir sie in einem bestimmten Rhythmus ausführen. Sportler wie Dauerläufer nutzen die Kraft des Rhythmus. Bei den Erzählungen von *Heinrich von Kleist* kann man beobachten, wie man meisterhaft in einer rhythmischen Sprache schreibt. Vor der Erfindung der Schrift lernten Menschen umfangreiche Texte wie die Werke *Homers* auswendig, indem sie die Texte rhythmisch vor sich her sagten.

Ähnlich wie der Rhythmus können Reime das Lernen von Texten erleichtern.

Ein paar Beispiele:

333 Issos Keilerei = Schlacht zwischen Griechen und Persern bei der Stadt Issos.

753 Rom kroch aus dem Ei = Gründung von Rom.

Iller, Lech, Isar, Inn,   fließen rechts zur Donau hin.

Bier auf Wein,   das lass sein.

Die Formel $V = \frac{4}{3}$ pi x r hoch 3, mit der man den Rauminhalt (V) einer Kugel berechnet, kann man sich so merken:

Innen hat die Kugel eijeijei   vier Drittel pi mal r hoch 3.

Eine besondere Form des Reims ist der Stabreim, bei dem sich nicht das Ende des Wortes reimt, sondern der Wortanfang, wie in folgendem Beispiel:

Stabreim stärkt stark.

Oft fällt das Lernen von Texten leichter, wenn man den Text so verändert, dass er ungewöhnlich und fremdartig klingt. Wir nehmen Veränderungen und Ungewohntes stärker wahr und können sie uns besser merken. Der russische Schriftsteller *Solschenitzyn* umging während der Lagerhaft das Schreibverbot, indem er jeden Tag im Kopf eine Seite schrieb und jeden Morgen alles bis zu diesem Zeitpunkt Geschriebene im Kopf vor sich her sagte. Um den Text besser zu behalten, benutzte er eine ungewohnte, fremdartig klingende Sprache. So gelang es ihm, ganze Bücher im Kopf zu verfassen und nach der Entlassung aufzuschreiben. Manchen fällt das Lernen eines Stoffes leichter, wenn sie ihn in einem Singsang oder in einem Rap (ein Sprechgesang) vor sich her singen.

Fühlen

Menschen, die am liebsten über das Fühlen lernen, haben es in unseren Schulen und Universitäten nicht leicht, weil die meisten Informationen über das Hören und Sehen dargeboten werden. Wir nutzen den Sinneskanal des Fühlens beim Lernen, wenn wir ein Modell in die Hand nehmen, es damit *begreifen*, wenn wir Experimente machen und mit dem Lernstoff arbeiten. Und wir können den Sinneskanal *Fühlen* auch in der Vorstellung zum Lernen nutzen. Beim Lernen des Blutkreislaufs kann man sich vorstellen, wie sich ein Blutkörperchen fühlt, das durch die Adern wandert. Auch einen Stromkreis kann man in der Vorstellung durchwandern. Im Sinneskanal Fühlen kann man zwar nicht so viele Informationen gleichzeitig lernen wie beim Sehen, aber im Sinneskanal *Fühlen* Gelerntes wird schnell fest im Gedächtnis eingeprägt.

Wenn ein Student der Tiermedizin sich in eine Katze hineinfühlt, sich vorstellt, zu sehen, zu hören, zu fühlen und sich zu bewegen wie eine Katze, gewinnt er ein tieferes Verständnis, als wenn er die Katze nur von außen betrachtet. Indianische Jäger fühlen sich vor der Jagd in das zu jagende Tier ein. Die Computergraphiker, die die Bewegung der Dinosaurier in dem Film *Jurrassic Park* programmierten, haben sich zuerst in die verschiedenen Saurier eingefühlt und deren Bewegungen in einem Tanz nachgeahmt. Auch Schauspieler fühlen sich in die Person hinein, die sie verkörpern wollen. Es ist natürlich wichtig, zu wissen, wie man aus der Rolle herausschlüpfen und wieder zu sich selber werden kann.

Wer im Unterricht mitschreibt, nutzt auch das Lernen über das Fühlen. Mit der Bewegung des Schreibens kann der Lernstoff in unser Körpergedächtnis gehen. Um Schreiben zu lernen, kann man in Sand schreiben. Damit wird das Fühlen noch stärker beteiligt.

Menschen, die am liebsten über den Sinneskanal des Fühlens lernen, können die Blindenschrift *Braille* oder die Gestensprache der Taubstummen lernen, die beide stark das Fühlen nutzen.

Was im Gedächtnis bleibt

Wissenschaftler haben untersucht, wie viel von einem Lernstoff bei den verschiedenen Arten zu lernen im Gedächtnis bleibt. Wir behalten im Gedächtnis etwa 10 % von dem, was wir lesen usw.

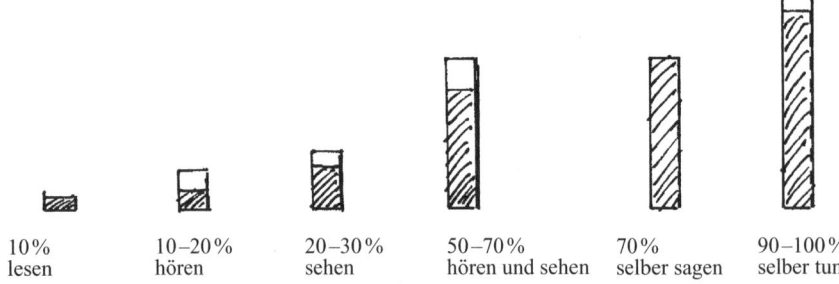

| 10 %
lesen | 10–20 %
hören | 20–30 %
sehen | 50–70 %
hören und sehen | 70 %
selber sagen | 90–100 %
selber tun |

64

Alle Sinne nutzen

Am besten ist, beim Lernen alle Sinne zu nutzen. Wenn man die Geheimnummer 1,3,7,9 auswendig lernen will, kann man beim Eintippen die Zahlen vor sich her sagen (fürs Hören), sich die Bewegung der Finger (fürs Fühlen) und das Bild dieser Bewegung (fürs Sehen) merken. Oft sind es einfache Bewegungen und Bilder wie bei diesem Beispiel ein Z.

Die Sinneskanäle ausweiten

Was kann man tun, wenn es in einem Sinneskanal noch nicht so gut gelingt, sich innerlich etwas vorzustellen, wenn man zum Beispiel nicht so gut innerlich hören kann? Sie können von einem Sinneskanal ausgehen, in dem Sie gut innerlich wahrnehmen, und das Erleben in einer Überschneidung, einer Überlappung, ausweiten. Ich erkläre, was ich mit Überlappung meine: Wenn Sie gut innerlich sehen können und besser innerlich hören wollen, suchen Sie eine Situation, in der beide Sinne beteiligt sind. Zum Beispiel, wenn Wellen am Strand um Ihre Füße spülen. Stellen Sie sich vor zu sehen, wie Wellen um Ihre Füße spülen, und hören dann das Geplätscher der Wellen und spüren dann die angenehme Kühle der Wellen.

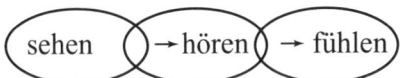

Die Feinunterscheidungen der Sinneskanäle nutzen

Innerhalb der einzelnen Sinneskanäle gibt es verschiedene Möglichkeiten, wie wir etwas wahrnehmen und uns vorstellen können. Beim Sinneskanal Sehen kann man etwas schwarz/weiß oder bunt erleben, es als Film oder als Bild sehen. Im Sinneskanal Hören kann man etwas laut oder leise hören. In Kapitel 26.2. habe ich diese *Feinunterscheidungen* der Sinneskanäle aufgeführt. Sie können ausprobieren, welche Feinunterscheidungen Ihnen das Lernen leichter und angenehmer machen.

Oft können wir uns einen bunten Film mit angenehmer musikalischer Untermalung besonders gut merken.

Eine Feinunterscheidung kann beim Lernen eine wichtige Rolle spielen. Es gibt zwei Möglichkeiten, wie wir eine Erfahrung erleben. Entweder sehen wir uns selbst während der Erfahrung von außen zu *oder* wir erleben die Erfahrung aus der eigenen Perspektive. Es ist günstig, sich an unangenehme Erinnerungen von außen zu erinnern und angenehme Erinnerungen von innen zu erleben, wieder dasselbe zu sehen, hören und fühlen wie in dem Moment. Wenn ich einmal fast von einem LKW überfahren wurde, kann ich mich daran von außen erinnern und daraus lernen. An meinen Urlaub erinnere ich mich von innen.

LKW   Urlaub

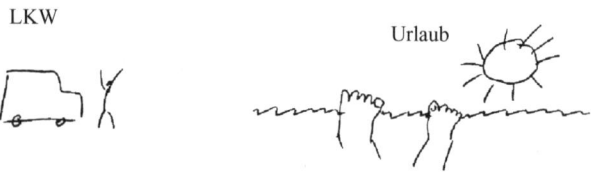

Beim Medizinstudium ist es nicht so günstig, sich vorzustellen, eine Krankheit zu haben. Vorstellungen schaffen neue Nervenbahnen und können begünstigen, die Krankheit zu bekommen. Krankheiten, Kriege und Ähnliches lernt man besser, indem man sie mit Abstand von außen betrachtet.

Rationales Lernen

Es gibt auch Menschen, die am besten auf rein rationale Art lernen. Diese Menschen lieben Formeln wie Druck = Kraft durch Fläche und brauchen sich dabei keinen Bleistift auf einem Finger vorzustellen. Nur wenige Schüler lernen so am besten. Der Unterricht an unseren Schulen und Universitäten ist hauptsächlich auf diese Schüler ausgerichtet.

Die Blickrichtung der Augen

Wenn wir in einem bestimmten Sinneskanal an etwas denken, blicken wir mit unseren Augen meist in eine bestimmte Richtung. Wenn Rechtshänder sich an ein Bild erinnern, schauen sie normalerweise nach links oben oder gerade vor sich. Wir können uns das Erinnern von Bildern erleichtern, indem wir nach links oben oder direkt vor uns blicken. Bevor

ich die verschiedenen Blickrichtungen der Augen ausführlicher darstelle, ein paar Anmerkungen: Es gibt viele Ausnahmen, dies sind nur Hinweise. Bei Linkshändern ist es normalerweise genau umgekehrt.
Das folgende Bild zeigt ein Gesicht, wie es andere sehen.

rechts oben
Bilder in der Phantasie

rechts Augenhöhe
Töne in der Phantasie

unten rechts
Gefühl

links oben
erinnerte Bilder

links Augenhöhe
erinnerte Töne

unten links
innerer Dialog,
Selbstgespräch

Wenn wir nach rechts oben blicken, können wir uns gut Bilder in der Phantasie ausmalen, z. B., wie eine Kreuzung von Zebra und Elefant aussehen würde.

Wenn wir gerade vor uns blicken oder nach links oben, können wir uns gut an Bilder erinnern, z. B. daran, wie unser letztes Auto ausgesehen hat.

Wenn wir in Augenhöhe nach rechts schauen, können wir uns gut in der Phantasie Töne vorstellen, z. B., wie ein Volkslied von den *Rolling Stones* gespielt klingen würde.

Wenn wir in Augenhöhe nach links schauen, können wir uns gut an Töne erinnern, etwa an den Klang von Meeresrauschen.

Wenn wir nach rechts unten blicken, bekommen wir Zugang zu unseren Gefühlen.

Wenn wir nach links unten blicken, bekommen wir Zugang zu unserem inneren Dialog. Manche sagen vor einer Prüfung innerlich zu sich: „Das geht sicher schief." Oft ist ihnen dieser innere Dialog nicht bewusst. Man kann eine destruktive innere Stimme neutralisieren, indem man sie in die komische, quäkende Stimme von *Donald Duck* verwandelt. Dann kann man darüber lächeln.

Viele Lehrer ärgern sich über Schüler, die im Unterricht nach oben schauen, weil sie glauben, dass die Schüler nicht bei der Sache sind. Schüler, die zuhören, vergleichen das, was der Lehrer sagt, mit schon bekannten Informationen. Dabei schauen sie meist nach oben.

Ich gebe ein Beispiel, wie man die Blickrichtung der Augen nutzen kann. Eine Klientin hatte Schwierigkeiten in Teams. Ich fragte sie, ob sie sich ein funktionierendes Team vorstellen könne. Die Frau blickte nach links oben (zu ihrer Erinnerung) und meinte, sie könne sich das überhaupt nicht vorstellen. Die Frau hatte offensichtlich bisher nur schlechte Erfahrungen mit Teams gemacht. Ich fragte die Frau noch Mal, ob sie sich wirklich kein funktionierendes Team vorstellen könne, und machte dabei eine Geste nach rechts oben (zu ihrer Phantasie). Die Frau folgte mit den Augen meiner Geste und meinte: „Komisch, jetzt kann ich mir doch vorstellen, in einem guten Team mitzuarbeiten."

Zum Abschluss dieses Kapitels ein Rätsel:

Unfall

Vater und Sohn haben einen Autounfall. Der Vater ist unverletzt, der Sohn bricht sich den Arm. Der Vater bringt seinen Sohn mit dem Taxi ins Krankenhaus. Der Vater muss im Wartezimmer warten, während der Sohn in die Notaufnahme gebracht wird. Dort hat an diesem Tag Doktor Neumann Dienst. Doktor Neumann sieht das Kind und ruft: „Ich kann ihn nicht operieren, er ist mein Sohn!"
Wer ist Doktor Neumann?

Die Lösungen der Rätsel finden Sie auf Seite 204.

8. Mit Gefühlsbeteiligung

Wenn wir einen Lernstoff mit Gefühlen verbinden, behalten wir ihn besser. Gefühle geben unserem Leben einen Sinn und eine Richtung, sie signalisieren uns, was zu tun ist. Wenn man sich einsam fühlt, kann man auf Menschen zugehen, wenn man sich langweilt, etwas Interessantes unternehmen. Ohne Gefühle wären wir tote Computer. Je stärker ein Lernstoff mit Gefühlen verbunden ist, umso fester ist er im Gedächtnis verankert. Sie können natürlich auch unangenehme Gefühle nehmen. Ich bevorzuge angenehme Gefühle. Wenn ich eine Fremdsprache lerne, besorge ich mir Bücher in der Sprache zu Themen, die mich interessieren. Männer können den amerikanischen *Playboy* lesen. Wenn Sie ein langweiliges Gesetz lernen müssen, können Sie sich komische Fälle ausdenken, in denen das Gesetz zur Anwendung kommt (Wenn ein Eierdieb bei seiner beruflichen Tätigkeit auf einem heruntergefallenen Ei ausrutscht, wird dies als Arbeitsunfall anerkannt?). Mathematik-Aufgaben kann man lebendig und komisch gestalten (Wenn eine Schnecke in einer Stunde 15 cm weit kriecht, wie lange braucht eine Schildkröte, die in einer Stunde 20 cm weit kriecht, um die Schnecke einzuholen?). Humor erleichtert das Lernen. Wenn wir Spaß haben, entspannen wir, atmen freier, und beide Gehirnhälften arbeiten optimal zusammen. Witze geben neue Perspektiven, sie erweitern das Denken und die Kreativität. Wie sagte *Watzlawick* so schön: „Die Situation ist hoffnungslos, aber nicht ernst." Lernen mit Spaß ist nicht nur effektiver, es ist auch angenehmer. Viele wollen Lernerfolg durch Druck erzwingen. Das ist so, als würde man an einer Pflanze ziehen, damit sie schneller wächst.

Zum Abschluss dieses Kapitels eine Geschichte:

Oktoberfest
Ein kleiner Junge verliert beim Oktoberfest seine Eltern aus den Augen. Nach einiger Zeit wird jemand auf den herumirrenden Jungen aufmerksam und liefert ihn bei der Polizeiwache ab. Dort fragt ihn ein

Polizist, wie er denn heiße? Der Junge meint, er heiße *Kevin*. Der Polizist fragt nach, wie er sonst noch heiße? Der Junge versteht nicht, was der Polizist meint. Der Polizist versucht, es zu erklären: „Also ich bin der Erwin. Einige sagen zu mir Erwin, andere sagen Erwin Müller zu mir. Was sagen denn deine Eltern sonst noch zu dir?" Der Junge antwortet: „Sie sagen zu mir immer *Kevin Lassdas*!"

9. Mit Bewegung

Wir können Veränderungen und Bewegungen besonders gut wahrnehmen und im Gedächtnis behalten. Den Druck einer Armbanduhr am Handgelenk bemerken wir nach einiger Zeit nicht mehr. Es ist günstig, sich beim Lernen weniger mit feststehenden Informationen, sondern mit Bewegungen und Veränderungen zu beschäftigen. Wir können statt Bilder einen Film anschauen oder unseren eigenen inneren Film drehen. Um mehr Leben in die inneren Filme zu bringen, können wir alle Techniken moderner Regisseure nutzen. Wenn Sie das Funktionieren eines mechanischen Uhrwerks verstehen und lernen wollen, können Sie in der Vorstellung mit der inneren Kamera um das Uhrwerk herumwandern, Einzelheiten wie mit einem Zoom vergrößern, mit der Kamera in das Werk hineingehen. Damit wird das Lernen zu einer spannenden Entdeckungsreise. Man kann in der Vorstellung eine Reise in das Innere einer Zelle, eines Moleküls, eines Atoms oder in die Tiefe des Weltalls machen.

Wenn ein Vorgang zu kompliziert ist oder zu schnell abläuft, kann man den Vorgang in der Vorstellung in Zeitlupe ablaufen lassen. Tennisprofis erleben beim Aufschlag des Gegners den Ball in der Vorstellung größer und langsamer als in der Realität. Damit haben sie mehr Zeit, optimal zu reagieren. Man kann den Flug eines Eisvogels in der Vorstellung in Zeitlupe betrachten. Vorgänge, die zu langsam ablaufen, um sie wahrnehmen zu können, kann man in der Vorstellung im Zeitraffer, im Schnelldurchlauf betrachten. Manches verstehen wir besser, wenn es schnell abläuft. Man kann das Öffnen einer Blüte, das Wachstum von Pflanzen und Tieren, die geologischen Veränderungen, die Völkerwanderungen, das Entstehen von Sternensystemen in der Vorstellung im Schnelldurchlauf betrachten und damit besser verstehen und behalten.

Um den inneren Film interessanter und spannender zu gestalten, können wir die Bildabfolge und die Bewegungen mit Rhythmus unterlegen. Der japanische Regisseur *Akira Kurosawa* ist darin ein Meister. Man kann den inneren Film mit Musik, Geräuschen und Dialogen unterlegen. Wenn Sie mehr Ideen zur Gestaltung Ihrer inneren Filme bekommen wollen, können Sie in Kapitel 26.2 die Liste der *Feinunterscheidungen der Wahrnehmungskanäle* durchgehen.

Wir behandeln oft in unserer Sprache etwas, das wir tun, wie eine Sache. Ein Beispiel: Ein Rockmusiker kam mit Herzproblemen ins Krankenhaus und sagte: „Bei den Plattenproduktionen gibt es halt immer so viel *Stress, Gesaufe* und *Gerauche.*" Der Musiker behandelte etwas, das er tut, nämlich *Wodka saufen*, wie ein Ding, als wäre es unveränderlich und außerhalb seiner Verantwortung. Was er tut, ist zu Eis erstarrt, wird zu einem Ding. Ein Mörder sagt zum Beispiel: „Es kam zu einer unglücklichen Verkettung von Umständen" statt „Ich habe fünf Frauen ermordet." Diese *Verdinglichung*, also die Betrachtung einer Handlung (beziehungsweise eines Verbes, „*ich saufe*") in der Sprache als ein Ding, als ein Hauptwort („*das Gesaufe*") ist in der deutschen Sprache weit verbreitet. Wenn ein Arzt einem Patienten sagt, er habe Krebs, behandelt der Arzt den Krebs, als wäre er ein Ding. In Wirklichkeit ist Krebs ein Prozess. Es gibt gesunde Zellen, selbst „Krebspatienten im Endstadium" haben in der überwiegenden Mehrzahl gesunde Zellen. Und bei manchen Menschen gibt es die so genannten „Krebszellen", das sind Zellen, die einen Bauplanfehler haben und sich zu schnell vermehren. Das Immunsystem frisst die Krebszellen auf, wirft sie aus dem Körper oder heilt sie. Auch „Krebspatienten im Endstadium" haben ein funktionierendes Immunsystem, das erfolgreich mit Krebszellen umgeht. Nur vermehren sich bei „Krebspatienten" im Moment die Krebszellen schneller, als das Immunsystem arbeitet. Wenn man Krebs nicht als ein Ding betrachtet, sondern als einen Prozess, gibt es mehr Möglichkeiten zum Heilen. Man kann die gesunden Zellen stärken, man kann die Krebszellen schwächen (sie sind von Haus aus schwächer, sie haben ja einen Bauplanfehler) oder sie heilen und man kann das Immunsystem stärken (siehe das Buch von *Simonton*). Die Betrachtung von Krebs als einen Prozess statt ein Ding ist lebendiger, anschaulicher, leichter zu verstehen und zu lernen. Der Philosoph *Heraklit* sagte, dass es keine Dinge, sondern nur Prozesse gibt. Es gibt keinen Fluss, sondern nur fließendes Wasser. Die moderne Physik scheint Heraklit Recht zu geben. Selbst „tote" Materie wie Steine besteht aus Atomen, deren Innenleben höchst lebendig ist. Die Sprache der Nootka-Indianer im Nord-

westen der USA kennt nur Verben, sie erleben die Welt als Fluss vorbei-
ziehender Ereignisse und nicht als eine Ansammlung von Dingen.

Wenn wir Verdinglichungen (Handlungen, die wir in unserer Sprache
wie Gegenstände behandeln) in Verben umwandeln („der Stress" in „ich
stresse mich") werden die Sprache, das Denken und das Lernen lebendiger. Anstatt zu sagen „Ich habe ein schlechtes Gedächtnis" kann man
sagen: „In den meisten Fächern fällt es mir leicht zu lernen. Wenn ich
Mathematik lerne, kann ich mir das noch interessanter und lebendiger
machen." Es ist anschaulicher und leichter zu merken, wenn man sich
unter einem Motor keinen Kasten, sondern die Bewegung der Kolben
vorstellt.

Zum Abschluss dieses Kapitels ein Witz:

Was ist der Unterschied zwischen einem Lehrer und dem lieben Gott?
– Der liebe Gott weiß alles, ein Lehrer weiß alles *besser*.

10. Etwas tun mit dem Lernstoff

Um den Lernstoff im Gedächtnis zu verankern, kann man etwas mit dem Lernstoff tun. Dies macht Spaß und schult die Kreativität und Phantasie.

Aktives Lesen

Eine Möglichkeit, etwas mit dem Lernstoff zu tun, ist das aktive Lesen. Sie können die zentralen Begriffe und Sätze eines Textes mit einem farbigen Textmarker markieren (wenn Ihnen das Buch gehört). Auf Seite 38/39 ist ein Beispiel, wie man das machen kann. Sie können verschiedenfarbige Textmarker benutzen, z. B. grün für Dinge, die Ihnen gefallen, und rot für etwas, bei dem Sie Zweifel haben. Hier ein paar Ideen, wie Sie Texte mit Zeichen versehen können:

!	wichtig
!!	sehr wichtig
?	habe ich nicht verstanden
??	bezweifle ich
?!	habe ich nicht verstanden, muss ich noch mal ansehen
<>	Wechselwirkung
><	Widerspruch
->	siehe
=>	daraus folgt

Sie können Bilder oder Comics zu dem Lernstoff malen, Fotos aus alten Illustrierten ausschneiden und zu einer Collage zusammenstellen oder in der Vorstellung einen Film zu dem Thema drehen. Sie können das Gelernte in der Praxis anwenden oder spielerisch so tun, als ob Sie es anwenden würden. Sie können auch in der Vorstellung so tun, als würden Sie es anwenden. Kinder lernen durch das Durchspielen (zum Beispiel von Kaufsituationen) eine Menge.

Das Lernen von Chemie kann man interessanter gestalten, indem man Experimente macht. Es gibt Computerprogramme, mit denen man die verschiedensten Lernstoffe spielerisch üben kann.

Unterrichten

Man kann den Lernstoff jemand anderem erklären, ihn unterrichten. Der Arzt und Lernforscher Manfred Spitzer erzählt, dass ihn in Australien ein Assistenzarzt eines Nachts fragte, ob er nicht einen Blinddarm operieren wolle. Als Spitzer zugab, dass er nun einmal bei einer solchen Operation zugeschaut habe, antwortete ihm der Assistenzarzt: „See one, do one, teach one." (Schau einmal zu, operiere einmal selbst, und unterrichte es dann.) Man kann nach einem Jahr Englisch einem Schüler im ersten Jahr Nachhilfe geben. Nachhilfestunden zu geben bringt Geld, macht Spaß und nebenbei lernt man selbst meist mehr als der Nachhilfeschüler.

Darüber schreiben

Sie können etwas zu dem Thema schreiben, das Wesentliche in ein paar Sätzen zusammenfassen, einen Artikel oder ein Buch darüber schreiben. Sie können Ihre eigene Gliederung finden und damit Ihren eigenen Zugang zu dem Thema. Wenn ich zu einem Thema, das mich interessiert, kein Buch finde, das mir zusagt, schreibe ich selbst ein Buch zu dem Thema.

Einen Spickzettel verfassen

Die beste Prüfungsvorbereitung ist das Erstellen eines Spickzettels. Ich würde Ihnen natürlich nie etwas Verbotenes wie die *Benutzung* eines Spickzettels empfehlen. Das Problematische bei der Benutzung eines Spickzettels ist neben dem Risiko, erwischt zu werden, die Angst davor, erwischt zu werden. Angst hindert am Denken und ist bei Prüfungen ungünstig. Das Erstellen eines guten Spickzettels *ersetzt* den Spickzettel. Wenn man einen guten Spickzettel schreibt, muss man sich überlegen, was die wichtigsten Punkte sind. Man kann immer kleinere Spickzettel verfassen. Man beschäftigt sich dabei intensiv mit dem Lernstoff. Wenn der Spickzettel fertig ist, ist der Lernstoff im Gehirn verankert.

Eine Lernkartei erstellen

Man kann eine Lernkartei erstellen. Auf die eine Seite einer Karteikarte schreibt man eine Frage, auf die Rückseite die Antwort. Man kann die Karten mischen und eine nach der anderen wie in einem Quiz durchgehen. Man kann die Lernkartei in verschiedene Fächer unterteilen. Sie können am ersten Tag die Karteikarten aus Kasten 1 durchgehen. Alle Karten, die Sie gewusst haben, können Sie in Kasten 2 stecken. Die Karten, die Sie richtig beantworten, wandern bei jedem Durchgang einen Kasten nach rechts, die Karten, die Sie nicht wussten, wandern wieder zurück in Kasten 1. Nach fünf erfolgreichen Durchgängen können Sie eine Karteikarte aussortieren.

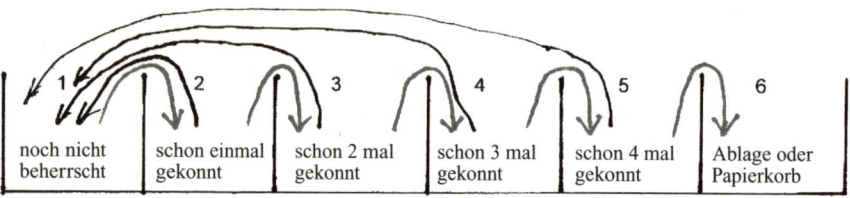

| noch nicht beherrscht | schon einmal gekonnt | schon 2 mal gekonnt | schon 3 mal gekonnt | schon 4 mal gekonnt | Ablage oder Papierkorb |

Gewusst = grau   nicht gewusst = schwarz

Man kann Karteien auch im Computer erstellen. Dateien im Computer haben den Vorteil, dass man sie nach verschiedenen Gesichtspunkten ordnen und leicht kopieren kann. Karteikarten aus Karton haben den Vorteil, dass man sie anfassen kann, dass man fühlen kann, was man geleistet hat.

Den Lernstoff auf Band sprechen und anhören
Sie können den Lernstoff auf Band sprechen und immer wieder anhören, auch nebenbei.

Eine Metapher finden
Sie können eine Geschichte beziehungsweise eine Metapher finden, die den Lernstoff illustriert. Metaphern verankern einen Lernstoff fest im Unbewussten. Unser Unbewusstes reagiert stark auf Bilder, Symbole und Geschichten. Ich gebe ein Beispiel für Metaphern: Ich habe einmal einer Gruppe von Sozialpädagogen, die nur über Probleme diskutieren wollten und sich kaum für Lösungen interessierten, folgende Metapher erzählt:

Petrus
Als ich letztens im Himmel zu Besuch war, habe ich mich total gewundert. Es gab nämlich zwei Eingänge. Vor dem einen Eingang war

eine kilometerlange Schlange, zu der sich alle drängten. Vor dem anderen Eingang tat sich kaum etwas, nur alle paar Stunden ging da jemand rein. Nachdem ich mir das Ganze eine Zeit lang angesehen hatte, ging ich zu Petrus und fragte, was es denn für eine Bewandtnis habe mit den beiden Eingängen? Petrus lächelte und meinte: „Der Eingang, durch den kaum jemand reingeht, das ist der Eingang zum Himmel. Und der Eingang, wo alle reinwollen, da gibt es eine Diskussionsveranstaltung zu dem Thema: Gibt es überhaupt einen Himmel oder nicht?"

11. Die Rolle unseres Körpers beim Lernen

Körper und Geist lassen sich nicht trennen, sie sind Teile eines Systems, sie beeinflussen sich gegenseitig. Was kann man für den Körper tun, um das Lernen zu unterstützen?

Atmen

Unser Gehirn braucht vor allem Sauerstoff. Der Sauerstoff, den wir einatmen, geht nicht direkt von der Nase, sondern über den Umweg durch die Lunge und den Blutkreislauf ins Gehirn. Wenn wir uns bewegen, kommt der Kreislauf in Schwung und transportiert mehr Sauerstoff ins Gehirn. Die bei uns übliche Form des Lernens im Sitzen ist nicht so günstig. Kinder lernen spielerisch, indem sie mit anderen Kindern herumtollen.

Unser Atem beeinflusst unseren emotionalen Zustand. Man kann sagen, unser Atem ist unser Leben. Es gibt viele verschiedene Atemtechniken. Man kann den Atem beobachten, meist wird er damit schon tiefer und ruhiger. Nicht so günstig ist, viel und schnell einzuatmen. Dies kann zu Hyperventilieren führen, das gefährlich werden kann. Besser ist es, sich auf das Ausatmen zu konzentrieren. Wer tief ausatmet, atmet automatisch tief ein. Man kann sich während einer Prüfung beruhigen, indem man ruhig und tief atmet und sich auf das Ausatmen konzentriert. Das Wort Angst kommt von eng. Man kann Angst durch freies Atmen auflösen. Man kann sich vorstellen, Ärger, Stress und Kopfschmerzen wie eine farbige Wolke auszuatmen, diese Wolke zur Sonne zu schicken und dort verdampfen zu lassen.

Nahrung

Was wir essen und trinken, beeinflusst die Arbeit unseres Gehirns. Am besten ist, beim Lernen viel Wasser zu trinken. Dies kann Leitungswasser oder Mineralwasser sein. Die zweitbeste Möglichkeit ist, Apfelschorle zu trinken, also Apfelsaft und Mineralwasser gemischt.

Essen

Man kann die Arbeit des Gehirns durch eine gesunde, ausgewogene Ernährung unterstützen. Es ist günstiger, weniger Süßigkeiten und Fette zu sich zu nehmen. Raffinierte Lebensmittel wie weißer Zucker und weißes Mehl sind nicht so günstig. Der Konsum von viel Zucker kann zu einem niedrigen Blutzuckerspiegel im Gehirn führen, der zu Müdigkeit und zu depressiver Stimmung führen kann. Statt Süßigkeiten kann man eine Banane essen. Günstig sind Gemüse, Salate und frisches Obst, Vollkornprodukte und Fisch. Günstig sind drei bis fünf Mahlzeiten am Tag, mit Pausen für die Verdauung. Nach 18 Uhr sollte man besser nichts mehr essen. Einige Nahrungsergänzungen sollten die Arbeit des Gehirns unterstützen. Ich nenne hier einige der häufig genannten Stoffe. Sie können testen, was bei Ihnen am besten wirkt:

Heidelbeeren, Salbeitee, Ginseng, Lezithin, Coenzym Q, Ginko biloba, Omega-3-Fettsäuren, Mineralstoffe (Kalziummangel kann zum Beispiel das Lernen erschweren), Vitamin C (am besten in natürlicher Form = Obst, Kiwi, Zitronen) und andere Vitamine.

Drogen

Ich bin kein Moralapostel und mische mich ungern in die Lebensführung von anderen Menschen ein. Und ich trinke selbst gerne mal ein Glas Bier oder Wein. Ich stelle hier nur die Folgen von Drogenkonsum auf die Arbeit des Gehirns dar. Fürs Lernen ist es am besten, gar keine oder nur wenig Drogen zu sich zu nehmen. Auch sozial akzeptierte Drogen wie Kaffee, Alkohol und Zigaretten sind ungünstig. Der Biologe und Gehirnforscher Frederic Vester schreibt, dass der Konsum von Haschisch und von LSD zu Hirnschädigungen führt.

Ein paar Anmerkungen zum Thema Sucht: Sucht entsteht, wenn jemand einen Ersatz für das nimmt, was er wirklich will und braucht (er braucht Liebe und nimmt einen Schokoriegel). Der Ersatz befriedigt nur scheinbar, nur teilweise und kurzfristig, weil er nur ein Ersatz ist. Und weil der Ersatz nur kurzfristig und teilweise befriedigt, glaubt der Süchtige, immer mehr davon zu brauchen. Der Sucht liegt der Glaube zugrunde, Glück und Erfüllung nur von außen bekommen zu können. Zu einer Lösung führt, sich zu überlegen, was man wirklich will, welche tiefere Sehnsucht hinter dem Wunsch nach dem Suchtstoff steckt. Ich gebe ein Beispiel, das ich in einer Frauenzeitschrift gefunden habe: Eine

Journalistin fragte einen Dirigenten, wie er es geschafft habe, mit dem Rauchen aufzuhören. Der Dirigent meinte, das war ganz einfach: „Meiner Frau hat das Gequalme gestunken und sie hat zu mir gesagt: ‚Das nächste Mal, wenn du eine Zigarette nehmen willst, nimm *mich*!'" Die Journalistin zögerte etwas und fragte: „Äh, äh …, wie viele Zigaretten haben Sie denn am Tag geraucht?" Ich weiß natürlich, dass ein Kuss nicht jederzeit zur Verfügung steht wie eine Zigarette oder ein Stück Schokolade. Das Tragische am Konsum von Drogen ist, dass er letztlich zum Gegenteil dessen führt, was die Benutzer erhoffen. Der Konsum von Marihuana erhöht kurzfristig die Wahrnehmungsfähigkeit und die Sensibilität, auf lange Sicht stumpft Marihuana ab. Neben Drogen erschwert auch das Einnehmen von vielen Medikamenten das Lernen. Viele Jugendliche nehmen Psychopharmaka zu sich, die das Lernen erschweren. Eine gute Psychotherapie ist da sinnvoller.

Die Körperhaltung

Man kann seine Körperhaltung verändern, um seine Stimmung zu verbessern und um in einen für das Lernen günstigen Zustand zu kommen. Sie können das mit einer kleinen Übung überprüfen. Setzen Sie sich für fünf Sekunden wie im folgenden Bild hin, gebückt, mit hängenden Schultern, trübem Blick, die Zehen zeigen nach innen, spüren Sie, wie sich das anfühlt, und sagen Sie dann: „Es geht mir gut!"

Finden Sie heraus, in welcher Körperhaltung Ihnen das Lernen besonders leicht fällt. Die einen lernen am besten im Herumgehen, andere, wenn sie entspannt in einer Hängematte liegen, wieder andere, wenn sie locker und aufrecht am Schreibtisch sitzen.

Entspannung

Wir denken und lernen besser, wenn wir entspannt sind. Verspannte Muskeln kosten Kraft und führen oft zu Schmerzen, etwa Kopf- und Rückenschmerzen. Für jede Körperbewegung ist ein gleichzeitiges An-

und Entspannen von Muskeln nötig. Wenn ich den Unterarm in dem Bild unten hebe, spanne ich, vereinfacht dargestellt, Muskel A an, während Muskel B sich entspannt.

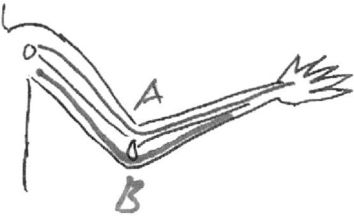

Wenn ein Muskel dauernd angespannt ist, kann er nicht arbeiten. Die Anspannung kostet Energie, man wird unbeweglich und auch geistig unflexibel (zum Beispiel *halsstarrig*). Verspannung kann zu Schmerzen und Krankheiten führen. Entspannen wirkt heilend und beruhigend auf den Körper und den Geist, es macht auch geistig flexibler. Wie kann man nun entspannen?

Wie man entspannen kann

Man kann ruhige, entspannende Musik hören. Zum Beispiel die CDs *The Mystic Dance* von *El Hadra* und *Flamenco Nouveau* von *Ottmar Liebert*.

Man kann ein warmes Bad nehmen, in die Sauna gehen oder sich duschen und sich dabei vorstellen, Anspannungen und Stress abzuwaschen.

Man kann sich massieren lassen oder sich selbst massieren, zum Beispiel die Hände, die Füße, die Schultern und den Kopf. Man kann seine Hände und Füße auch mit Hilfe eines kleinen Gummiballs mit Noppen massieren. Auf den Fußsohlen liegen viele Akupunkturpunkte, deren Stimulierung die verschiedenen Körperorgane wie Herz und Leber anregen und beleben. Wenn man die Füße massiert, wirkt dies entspannend und heilend auf den ganzen Körper. Auch barfuss am Strand oder im Gras laufen wirkt ähnlich.

Erinnern Sie sich an einen Moment, als Sie entspannt waren (zum Beispiel im Urlaub), oder tun Sie so, als ob Sie entspannt wären.

Es ist günstig, immer denselben Platz zum Entspannen zu nutzen. Nach einiger Zeit werden der Platz und der Zustand der Entspannung im

Gehirn miteinander verbunden. Sobald man sich dem Platz nähert, kommt man in einen entspannten Zustand. Auch ein kurzer Schlaf oder ein kurzer Tagtraum wirken entspannend und erholsam. Vielen fällt das Entspannen leichter, wenn sie sich erst körperlich austoben. Man kann Holz hacken oder tanzen und sich dann entspannen.

Manche versuchen krampfhaft, sich zu entspannen. Sie sagen sich: „Ich *muss sofort* entspannen!" Dieses angestrengte „Entspannen" führt oft zu noch stärkerer Verspannung. In diesem Fall kann man zuerst die Anspannung bewusst verstärken, sieben Sekunden lang ein paar Muskeln des Körpers anspannen und dann entspannen. Wenn Sie wollen, können Sie dies kurz testen.

Übung: Muskeln entspannen

Spannen Sie für sieben Sekunden eine Gruppe von Muskeln Ihres Körpers an, und entspannen Sie dann die Muskeln für eine halbe Minute, während Sie tief ausatmen. Gehen Sie folgende Muskelgruppen ganz oder teilweise mit dieser Übung durch:

Hände, Unterarme und Oberarme
Schulter, Nacken, Hals und Gesicht
Brust, Bauch und Hintern
Oberschenkel, Waden und Füße
Gerade in Pausen nach dem Lernen oder Lesen kann diese Übung angenehm sein.

Es gibt verschiedene Techniken, die hilfreich sind, um den Körper und den Geist zu entspannen. Beim *autogenen Training* kommt man durch Suggestionen wie „Mein rechter Arm wird warm und schwer" in einen ruhigen und entspannten Zustand. Es gibt Musikkassetten und Kurse, mit denen man das *autogene Training* leicht lernen kann.

Tai Chi, Chi Gong, Aikido und ähnliche Techniken wirken entspannend. Der israelische Atomphysiker *Moshé Feldenkrais* hat eine Körpertherapie entwickelt, mit der man lernt, sich mit möglichst wenig Kraftaufwand zu bewegen.

Lachen, dehnen, gähnen und Grimassen schneiden

Man kann gähnen, Grimassen schneiden, sich dehnen und strecken, um sich zu lockern. Auch wenn Lehrer es nicht gerne sehen, gähnen entspannt und bringt Sauerstoff ins Gehirn. Wenn Sie in der Früh Mühe haben, in die Gänge zu kommen, kann die folgende Übung helfen:

Übung zum Aufwachen
   Dehnen und strecken Sie sich drei Minuten lang genüsslich wie eine Katze und gähnen Sie dabei herzhaft. Dann lachen Sie drei Minuten lang mit ihrem ganzen Körper, schütteln Sie sich aus vor Lachen. Diese Übung macht hellwach.

Bodenkontakt
   Gerade vor Prüfungen kann es helfen, sich seines Kontaktes mit dem Boden bewusst zu werden. Unsere Verbindung mit der Erde über einen festen Stand gibt uns Halt und Selbstvertrauen, macht uns „selbstständig". Man kann beide Füße auf den Boden setzen, den Kontakt zum Boden spüren und sich vorstellen, Wurzeln bis tief in die Erde zu haben, die Halt und Kraft geben. Die asiatischen Kampfsportarten wie Judo, Karate und Aikido holen ihre Kraft aus diesem Bodenkontakt.

Bewegung und Gymnastik
   Bewegung bringt unseren Kreislauf in Schwung und unterstützt damit die Arbeit des Gehirns. Wenn man herumgeht, steigt das Lernvermögen um 20 %. Allgemein ist ein 30-Minuten-Ausdauer-Training dreimal in der Woche günstig. Bei dem Training sollte man langsam anfangen und nicht an die Grenzen der körperlichen Belastbarkeit gehen, sondern sich so bewegen, dass man leicht ins Schwitzen kommt und sich noch nebenher unterhalten kann. Günstig sind Bergwandern, Jogging, Walking, Inline Skater oder Rollschuh fahren, Rad fahren, Schwimmen und Skilanglauf. Wer sich längere Zeit wenig bewegt hat, sollte natürlich erst seinen Arzt fragen. Wer regelmäßig diese 90 Minuten pro Woche aufwendet, wird mit mehr Gesundheit, Fitness, Lebensfreude und Lernfähigkeit belohnt. Als Nebeneffekt hat man mehr Zeit zur Verfügung, weil man effektiver arbeiten kann.
   Die *Kinesiologie* hat einige Übungen entwickelt, die die Zusammenarbeit der beiden Gehirnhälften und das Lernen unterstützen. Genaueres finden Sie in dem Buch von *Dennison*. Nach jeder Übung können Sie kurz die Hände ausschütteln und sich entspannen.

Übung aus der Kinesiologie 1: Ellenbogen an gegenüberliegendes Knie
Stellen Sie sich aufrecht hin, die Beine etwa schulterbreit auseinander. Bewegen Sie abwechselnd ihren rechten Ellenbogen und ihr linkes Knie aufeinander zu, dann den linken Ellenbogen und das rechte Knie. Beginnen Sie langsam und werden dann etwas schneller.

Übung aus der Kinesiologie 2: Die liegende Acht
Stellen Sie sich aufrecht hin, die Beine etwa schulterbreit auseinander. Strecken Sie Ihren rechten Arm gerade vor sich und zeigen Sie mit Ihrem Zeigefinger geradeaus. Malen Sie mit dem gestreckten Arm eine große liegende Acht in die Luft. Beginnen Sie mit der Bewegung nach links oben. Folgen Sie mit Ihren Augen der Bewegung des Armes. Die Bewegung sollte fließend und gleichmäßig über beide Körperhälften führen.

Übung 1: Akupressur
Die Kinesiologie nutzt einige Akupressurpunkte, die das Lernen und Denken anregen. Legen Sie die eine Hand auf den Nabel, während die andere Hand für 30 Sekunden das weiche Gewebe unterhalb der Schlüsselbeine massiert.

Übung 2: Akupressur
Massieren Sie sanft die Ohrmuscheln mit Daumen und Zeigefingern, ziehen Sie von oben nach unten die Ränder der Ohrmuscheln sanft nach hinten und außen.

Übung 3: Akupressur
Massieren Sie sanft die zwei Stirnbeinhöcker in der Mitte der Stirn zwischen den Augenbrauen und dem Haaransatz. Diese Übung hilft auch bei Prüfungen.

Kinesiologen empfehlen, viel Wasser zu trinken, um die Arbeit des Gehirns zu unterstützen.

Weitere Möglichkeiten, die Arbeit des Gehirns zu unterstützen

Man kann das Denken und Lernen unterstützen, indem man die Feinmotorik , die Beweglichkeit der Finger, ausbaut, etwa indem man Gitarre spielt oder zwei Klangkugeln in der Hand rotieren lässt.

Jonglieren ist gut für die Gehirnentwicklung. Wem das Jonglieren mit Bällen zu schwierig ist, der kann am Anfang mit Seidentüchern jonglieren. Das Ausschütteln der Hände und Arme wirkt sich günstig auf das Lymphsystem und die Gehirndurchblutung aus. Springen auf einem Trampolin und das damit verbundene Gefühl der Schwerelosigkeit regt das Gehirn an. Kaugummikauen unterstützt die Arbeit des Gehirns. Musik zu hören und besser noch selbst zu spielen aktiviert unser Gehirn. Besonders günstig ist Singen. Vielen Menschen fällt das Lernen leichter, wenn sie sich nebenbei mit einer einfachen Tätigkeit wie Stricken beschäftigen.

Körpergedächtnis, Lernen mit Körperbewegung

Unser Körper hat auch ein Gedächtnis. Man kann das Speichern eines Lernstoffs im Körpergedächtnis erleichtern, indem man den Lernstoff mit Bewegungen und Gesten begleitet. Beim Lernen von Fremdsprachen kann man pantomimisch die Bedeutung der Worte spielen. Wenn man sich nicht blamieren will, kann man dies allein in seinem Zimmer machen.

Sich einen erholsamen Schlaf gönnen

Wichtig für die Arbeit des Gehirns ist ein erholsamer Schlaf. Im Schlaf werden die Erlebnisse des Tages verarbeitet und „verdaut", das Gelernte gespeichert. Unser Immunsystem braucht ebenfalls einen erholsamen Schlaf. Was kann man nun tun, um erholsam zu schlafen?

Am besten sorgt man für einen erholsamen Schlaf, indem man tagsüber etwas tut, indem man seinen Körper und seinen Geist beschäftigt. Wer den ganzen Tag vor dem Fernseher herumhängt, hat oft nachts Probleme mit dem Schlafen. Man sollte nicht zu spät zu Abend essen. Mit vollem Magen kann man schlechter schlafen. Nach 18 Uhr sollte man am besten nichts mehr essen und keine anregenden Getränke wie Kaffee oder Tee trinken, die ebenfalls den Schlaf stören können. Es ist günstig, sich an einen regelmäßigen Schlafrhythmus zu gewöhnen. Wechselnde Schlafzeiten können den Schlaf stören. Am besten geht man vor 23 Uhr schlafen. 7 bis 9 Stunden Schlaf reichen meist. Ich weiß, dass diese Hinweise nicht für alle Menschen gelten und es nicht allen Menschen möglich ist, sie einzuhalten (z. B. Schichtarbeitern).

Das Wichtigste dieses Kapitels zusammengefasst

Wir können uns das Lernen erleichtern, indem wir etwas für unseren Körper tun. Wir lernen besonders gut, wenn wir entspannt sind und uns jeden Tag einen erholsamen Schlaf gönnen.

Zum Abschluss dieses Kapitels eine kleine Geschichte:

Erziehung

Ein Professor hatte eine besondere Methode, seinen Studenten Pünktlichkeit beizubringen. Wenn ein Student zu spät zu seiner Vorlesung kam, unterbrach der Professor seinen Vortrag, bis der Student sich hingesetzt hatte.

Eines Tages jedoch geschah Folgendes: Etwa zehn Minuten nach Beginn der Vorlesung öffnete sich die Tür und eine junge Studentin trat in den Saal. Der Professor unterbrach seine Rede mitten im Satz und blickte die Studentin missbilligend an. Die Studentin ging währenddessen unbekümmert zur zweiten Reihe vor, schritt dort zielstrebig zu einem freien Stuhl, wobei mehrere Studenten aufstehen mussten, um sie durchzulassen. Als sie endlich an ihrem Platz angekommen war, zog sie ihren Mantel aus, legte ihn über die Stuhllehne und machte es sich auf dem Sitz bequem. Dann blickte sie mit großen Augen in die schweigende Runde und sprach: „Ach, und ich dachte, hier ist eine Vorlesung!" – Sprach's, stand auf und verließ in aller Seelenruhe den Saal.

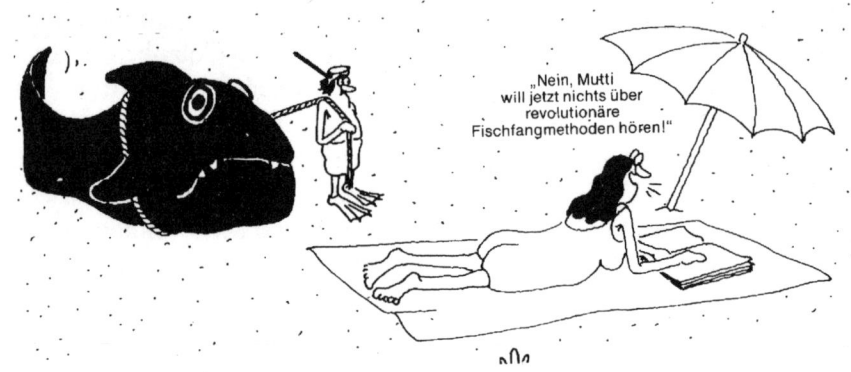

12. Die verschiedenen Arten zu lernen

Es gibt viele Arten, wie wir etwas lernen. Die meisten Menschen kennen nur das Lernen von einem Lehrer oder einem Buch.

Lernen von einem Lehrer

Wenn Sie den Lehrer auswählen können, nehmen Sie jemanden, der Ihnen sympathisch ist. Gute Lehrer kennen ihr Fach, erklären den Lernstoff verständlich, erzählen interessante Geschichten, bringen gute Übungen und stecken ihre Schüler mit ihrer Begeisterung für ihr Fach an. Die Nutzung der neuesten technischen Geräte sagt nichts aus über die Qualität von Lehrern.

Einen Mentor finden

Besonders günstig ist, wenn man einen Mentor findet. Ein Mentor ist mehr als ein Lehrer, der Wissen oder Fähigkeiten vermittelt. Ein Mentor unterstützt die persönliche Entwicklung seines Schützlings. Ein Mentor erkennt die Schwächen und Stärken seines Schützlings, unterstützt ihn durch Übertragung von Verantwortung, durch Vermittlung von Kontakten und durch Empfehlung von Büchern. Ein Mentor erkennt, welche Aufgaben sein Schützling im Moment braucht. Ein Mentor hilft seinem Schützling, sich seiner Stärken bewusst zu werden und seine Grenzen auszuweiten, seinen geistigen Horizont zu erweitern. Wer einen Mentor finden will, folgt am besten seiner Intuition.

Über Versuch und Irrtum zum Erfolg

Eine Art, wie wir etwas lernen, ist über *Versuch und Irrtum*. Ein Einzelkind kann nicht von seinen Eltern lernen, wie man vom Boden aufsteht, denn Erwachsene stehen auf eine andere Art auf als Kinder. Ein Kleinkind findet mit der Methode *Versuch und Irrtum* selbst heraus, wie man aufsteht. Es probiert immer wieder neue Arten aus, bis es eine Methode findet, die funktioniert. Die Lernmethode über *Versuch und Irrtum* kann lange dauern, anstrengend und schmerzhaft sein. Allerdings bleibt, was wir so gelernt haben, fest im Gehirn verankert. Auch wenn es nicht nötig ist, das Rad immer wieder neu zu erfinden, hat die Lernmethode über *Versuch und Irrtum* viele Vorteile. Wenn ein Kind so das Aufstehen vom Boden gelernt hat, hat es nebenbei noch eine Menge anderer Dinge gelernt und geübt: Das Gleichgewichtsgefühl, die Koordinierung seiner Bewegungen, das Körpergefühl, Kreativität und Phantasie. Das Durchhaltevermögen und die Frustrationstoleranz werden erweitert. Es ist erstaunlich, welche Begeisterung und Geduld Kinder beim Lernen aufbringen.

So tun, als ob man etwas könnte

Es klingt komisch, aber oft reicht es, so zu tun, als ob man etwas könnte, um es zu lernen. Ähnlich stark wirkt die Frage „Wie wäre es, wenn Sie es könnten?" Betrachten wir die erstaunliche Wirkung dieser so genannten „*Wunderfragen*" genauer.

Einige Menschen reagieren auf direkte Fragen mit einer Blockade. Wenn man Arbeitslose fragt, was sie am liebsten arbeiten würden, fühlen sie sich oft von der Frage unter Druck gesetzt. Sie glauben, sie müssten sich für den Rest ihres Lebens festlegen, und antworten: „Ich habe keine Ahnung." Wenn man zurückfragt: „Gut, tun Sie einfach so, als ob Sie es wüssten" oder „Was wäre es denn, wenn Sie es wüssten?", kommt oft eine Antwort wie: „Dann würde ich als Koch arbeiten." Diese *Wunderfragen* helfen, über ein Problem hinweg direkt zur Lösung zu springen. Ein weiteres Beispiel: Ich habe einmal in einem meiner Rhetorikkurse eine Teilnehmerin gefragt, ob sie nach vorn kommen wolle, um vor der Videokamera zu sprechen. Die Frau begann zu zittern und meinte: „Das kann ich nicht!" Ich habe die Frau gefragt: „Wie wäre es, wenn Sie frei und selbstsicher vor der Kamera sprechen könnten?" Die Frau schlug mit der Faust auf den Tisch und rief: „Dann würde ich den Männern mal zeigen, was in mir steckt", sprang auf und lief nach vorne. Wie kam diese erstaunliche Veränderung zustande? Erinnern Sie sich noch daran, dass wir den Satz „*Denke nicht an ein blaues Känguru!*" nicht verstehen können, ohne an ein blaues Känguru zu denken? Ähnlich ist es bei dem Satz: „*Wie würden Sie sich fühlen, wenn Sie selbstsicher, frei und locker vor einer Videokamera sprechen könnten?*" Man kann den Satz nur verstehen, indem man sich vorstellt, selbstsicher vor der Kamera zu sprechen. Damit werden neue Nervenbahnen gebildet. Vorstellung und Erfahrung benutzen parallele Nervenbahnen.

Erfahrung

o — o — o — o — o

Vorstellung

o — o — o — o — o

Man kann eine neue Erfahrung in der „Realität" machen. Damit werden neue Nervenbahnen geprägt, auf die man später zurückgreifen kann. Wenn man etwas schon einmal gemacht hat, weiß man, dass man es kann. Fast genauso stark wirkt es, wenn man die Erfahrung „nur" in der Vorstellung gemacht hat. Skirennfahrer nutzen die Kraft der Vorstellung, indem sie ein Rennen im Kopf erfolgreich durchspielen.

Wer noch nie vor einer größeren Gruppe von Menschen gesprochen hat, glaubt oft, er könne das nicht. Ihm fehlt meist nur die Erfahrung, einmal vor vielen Menschen gesprochen zu haben. Man kann seine inneren Grenzen Schritt für Schritt in der Realität ausweiten, vor 3, 5, 10, 15, 25, 45 Leuten sprechen. Das kostet Zeit und ist nicht immer möglich. Man kann diese Erfahrung schnell und elegant in der Vorstellung gewinnen. Wenn Sie lernen wollen, vor größeren Gruppen zu sprechen, kann die folgende Übung nützlich sein.

Übung: Lernen, selbstsicher vor vielen Menschen zu sprechen

1. Sie können diese Anweisungen auf Band sprechen und während des Übens anhören oder von einer anderen Person vorlesen lassen.
2. Nehmen Sie sich 15 Minuten Zeit, stellen Sie sicher, dass Sie ungestört bleiben und setzen Sie sich gemütlich hin.
3. Erinnern Sie sich an einen Moment in Ihrem Leben, in dem Sie sich selbstsicher und locker gefühlt haben. Machen Sie sich diesen Zustand ganz zugänglich.
4. Stellen Sie sich vor, dass Sie in einem größeren Raum mit einer guten Freundin zusammensitzen. Sie fühlen sich selbstsicher und locker und erzählen ihrer Freundin etwas über ein Thema, das Sie gut kennen und über das Sie gerne erzählen, zum Beispiel über einen Urlaub. Ihre Freundin hört Ihnen interessiert zu und kann Sie gut verstehen. Sie können in Ihrer Vorstellung Schritt für Schritt neue Menschen dazukommen lassen, die Ihnen interessiert zuhören. Nehmen

Sie sich für diese Übung die Zeit, die Sie brauchen, und kommen dann erfrischt und wach zurück in diese Zeit und an diesen Ort.

Ich wundere mich immer wieder, wie wirksam solche Übungen sind. Wir werden oft durch innere Grenzen gehindert, neue Erfahrungen zu machen oder etwas Neues zu lernen. Ich erkläre mit einer Geschichte, einer Metapher, was ich mit „inneren Grenzen" meine.

Der fünfte Schritt des Eisbären

Ein Eisbär war in einem kleinen Käfig eingesperrt. Der Eisbär ging den ganzen Tag vier Schritte vor und vier Schritte zurück. Nach vielen Jahren hatten die Menschen Mitleid mit dem Tier. Sie flogen den Käfig mit dem Eisbären in den hohen Norden von Alaska und entfernten mit einem Hubschrauber den Käfig über dem Eisbären. Und was machte der arme Eisbär? Er ging weiter vier Schritte vor und vier Schritte zurück, bis er irgendwann den fünften Schritt in die Freiheit wagte.

Wenn ein Fünfzigjähriger denkt, nur bis 40 Jahre sei es möglich, eine Arbeit zu finden, wird es schwer. Man kann in der Vorstellung diese Grenze in kleinen Schritten ausweiten. Man kann sich vorstellen, dass jemand mit 40 Jahren und einem Tag noch eine Arbeit gefunden hat, mit 40 Jahren und einem Monat und so weiter. Natürlich gibt es auch reale Grenzen und Mauern, es gibt Gebiete, in denen es wirklich schwer ist, eine Arbeit zu finden. Die Abschaffung dieser Mauern ist das Gebiet der Politik. Ich arbeite auf dem Gebiet des Lernens. Ich arbeite an der Ausweitung der inneren Grenzen. Und die meisten Menschen setzen sich solche Grenzen, sie glauben, nur *eine* Sprache lernen zu können, nur ein Team mit 5 Mitarbeitern führen zu können usw. Wenn man seine inneren Grenzen und seinen Blickwinkel erweitert, bekommt man mehr Wahlmöglichkeiten.

Von einem Modell lernen

Eine effektive Lernmethode ist das „Lernen von einem *Modell*". Nehmen wir an, ich will einen Tennisaufschlag lernen. Ich suche mir eine Person, die diesen Aufschlag gut beherrscht, das heißt, ich suche mir ein *Modell*. Meist ist es günstig, ein Modell zu nehmen, das einem sympathisch ist und das dasselbe Geschlecht hat wie man selbst. Ich nehme André Agassi als Modell. Ich schaue ein Video, wie Agassi diesen Aufschlag schlägt, so oft an, bis ich es innerlich sehen kann.

Der nächste Schritt ist entscheidend: Ich passe das Video meiner Person, meinen Wünschen und Werten an. Man kann von vielen Menschen lernen, sie als Modell nehmen. Es ist jedoch äußerst wichtig, dabei seine Werte und seine Persönlichkeit zu behalten.

Wenn ich das Video meiner Person angepasst habe, projiziere ich in das Video an Stelle des Gesichts und des Körpers von André Agassi mein Gesicht und meinen Körper. Ich schaue mir ein Video an, wie ich den Aufschlag genauso gut hinbekomme wie André Agassi. Wow, das sieht toll aus!

Als Letztes schlüpfe ich in das Video hinein beziehungsweise nehme es in mich auf. Ich sehe, höre und fühle in der Vorstellung dasselbe wie Agassi, wenn er diesen Aufschlag schlägt.

Man hat mit einem Experiment herausgefunden, dass der Lerneffekt mit dieser Methode größer ist, als wenn man eine neue Technik in Realität übt. Eine Gruppe von Turmspringern, die vom Einmeterbrett ins Wasser springen, wurde nach dem Zufallsprinzip in zwei Gruppen aufgeteilt. Die einen lernten eine neue Technik mit einem Trainer im Becken, die andere Gruppe lernte die Technik mit Hilfe des *Modellnehmens*. Dann wurden die Sportler von Prüfern geprüft, die nicht wussten, welche Sportler auf welche Art gelernt hatten. *Die* Sportler, die von einem Modell gelernt hatten und den Sprung bei der Prüfung das erste Mal machten, bekamen deutlich mehr Punkte.

Weniger geeignet ist diese Technik für Fähigkeiten, die man besser ausführlich lernen sollte, etwa ein Flugzeug zu steuern.

Wir lernen die meisten Fähigkeiten auf diese Art. Wir lernen so sprechen, kommunizieren, Sportarten, Musikinstrumente spielen, handwerkliche Tätigkeiten wie Tapezieren usw. Selbst komplexe Tätigkeiten wie *Romane schreiben* kann man so lernen. Ich weiß von keinem Literaturwissenschaftler, der einen guten Roman geschrieben hat. Aber immer wieder schreiben literarische Laien einen Roman von Weltgeltung. Günter Grass war Bildhauer, als er *Die Blechtrommel* schrieb. Trotzdem ist die Lernart des *Modellnehmens* den wenigsten Menschen bekannt.

Jemanden als *Modell zu nehmen* bedeutet etwas anderes, als jemanden als Vorbild zu nehmen. Ein Vorbild wird oft auf ein Podest gestellt, man fühlt sich ihm unterlegen. Ein Modell ist neutraler als ein Vorbild. Ein Modell zeigt, was jemand macht, der etwas erreicht. Als Modell kann man im Prinzip alles nehmen. Man kann von Tieren und Pflanzen lernen. Flugzeugbauer können Vögel als Modell nehmen, Architekten Pflanzen wie Bambus.

Sie können auch mehrere Personen für eine Fähigkeit als Modell nehmen und aus deren Vorgehensweise einen Film des erwünschten Verhaltens zusammenstellen. Ideal ist es dabei, drei Personen als Modell zu nehmen. Wenn Sie die Technik des *Modellnehmens* ausprobieren wollen, können Sie die folgende Übung machen.

Übung: Jemanden als Modell nehmen
- Finden Sie eine Fähigkeit, die Sie gerne beherrschen würden.
- Finden Sie als Modell eine Person, die diese erwünschte Fähigkeit gut beherrscht. Am besten nehmen Sie als Modell jemanden, der Ihnen sympathisch ist und das gleiche Geschlecht hat wie Sie. Sie können als Modell sogar fiktive Personen wie Filmhelden nehmen.
- Wenn Sie ein Modell gefunden haben, das die erwünschte Fähigkeit beherrscht, schauen Sie einen Film an, wie das Modell handelt, während es die Fähigkeit erfolgreich und leicht meistert. Schauen Sie sich diesen Film so oft an, bis Sie ihn innerlich sehen können. Betrachten Sie das Modell aus verschiedenen Perspektiven.
- Überlegen Sie, ob Ihnen alles an diesem Film gefällt, ob Sie genauso handeln wollen oder ob Sie irgendwelche Veränderungen an diesem Film vornehmen wollen, um das Verhalten besser Ihrer Person, Ihren Bedürfnissen, Werten und Überzeugungen anzugleichen.
- Überlegen Sie, ob das neue Verhalten unerwünschte Nebenwirkungen auf Ihr Leben oder auf das Leben Ihres Umfeldes haben könnte. Wenn ja, verändern Sie den Film, bis die Interessen von allen Beteiligten berücksichtigt sind.

❍ Wenn Sie zufrieden sind mit dem Film des neuen Verhaltens, projizieren Sie an Stelle des Gesichtes und des Körpers des Modells Ihr eigenes Gesicht und Ihren eigenen Körper in den Film.

❍ Sehen Sie sich nun von außen zu, wie Sie das neue erwünschte Verhalten leicht und erfolgreich meistern. Sind Sie zufrieden mit dem Film oder wollen Sie noch Anpassungen vornehmen?

❍ Wenn Sie zufrieden mit dem Film sind, springen Sie in den Film hinein und erleben ihn von innen, das heißt, sehen, hören und fühlen Sie alles so, als ob Sie jetzt das erwünschte Verhalten ausführen würden. Erleben Sie, wie Sie in verschiedenen Situationen in der Zukunft das neue Verhalten erfolgreich und leicht meistern.

❍ Kommen Sie erfrischt ins Jetzt zurück.

Im Alpha-Zustand lernen

Wir lernen am besten in einem entspannten Zustand. Im entspannten Zustand schwingen die Gehirnwellen in einem langsamen Rhythmus. Es gibt vier Arten von Gehirnwellen:

Betawellen   14–30 Hertz
im wachen, angespannten Zustand
Alphawellen   8–13 Hertz
in der Entspannung
Thetawellen   4– 7 Hertz
im Schlaf, im Traum und in tiefer Meditation
Deltawellen   0– 3 Hertz
ganz langsame Wellen, im Tiefschlaf und in Trance

Der Alpha- und der Thetazustand sind besonders gut fürs Lernen geeignet. Der Einfachheit halber nenne ich im Folgenden diesen Zustand den *Alpha-Zustand.* In diesem Zustand, der dem Zustand des Schlafs, des Tagträumens und des Meditierens ähnelt, arbeiten beide Gehirnhälften optimal zusammen. Unser Bewusstsein erschwert oft mit seinen Zweifeln das Lernen („das ist nicht möglich, ich kann das nicht, das ist zu schwer"). Im Alphazustand sind wir ohne die Grenzen und Zweifel des Bewusstseins offen fürs Lernen. Ausführlichere Informationen zum Lernen im *Alpha-Zustand* finden Sie in dem Buch *Das neue Gehirn* von *Johannes Holler.* Viele Techniken nutzen den Alphazustand für das Lernen. Betrachten wir zuerst das so genannte *Superlearning.*

Superlearning

Der bulgarische Arzt und Psychologe *Gregory Losanow* entwickelte mit dem *Superlearning* eine Methode, die den Alphazustand fürs Lernen nutzt. Beim Superlearning sitzt man bequem in einem Sessel und begibt sich mit Hilfe von autogenem Training oder ähnlichen Techniken in den Alphazustand. Viele Menschen halten beim Lernen den Atem an. Damit wird das Lernen behindert. Deshalb übt man beim Superlearning, beim Lernen ruhig zu atmen. Man atmet 2 Sekunden aus, atmet 2 Sekunden ein und macht eine Pause von 4 Sekunden. Dadurch wird das Gehirn optimal mit Sauerstoff versorgt und man entspannt noch weiter. In tiefer Entspannung hört man den Lernstoff von Hörkassetten. Der Lernstoff wird mit wechselndem Tempo, wechselnder Betonung und Lautstärke in einem Dreierrhythmus gesprochen. Dies wirkt beruhigend, aber nicht einschläfernd (zum Beispiel beim Sprachenlernen: Die Frau, der Mann, das Kind). Im Hintergrund hört man Barockmusik mit 60 bis 70 Schlägen pro Minute. Dieser Rhythmus entspricht dem Herzrhythmus und wirkt tief entspannend, weil er auf einer unbewussten Ebene an den Zustand im Mutterleib erinnert. Günstig sind Largos von Vivaldi, Telemann, Händel und Johann Sebastian Bach, z. B. Bachwerkverzeichnis Nr. 1056, 975 und 988. Superlearning sollte man natürlich nicht als Autofahrer am Steuer anwenden. Ich stelle im Folgenden noch weitere Methoden vor, die den Alphazustand zum Lernen nutzen.

Tonbänder nebenher anhören

Man kann sich Tonbänder mit dem Lernstoff nebenher anhören, etwa beim Abspülen oder beim Fernsehen. Dabei ist es sogar besser, wenn man nicht bewusst mithört. Die Lautstärke sollte so laut sein, dass man den Text gerade noch hören könnte, wenn man sich auf ihn konzentrieren würde. Bei dieser Methode geht der Lernstoff direkt ins Unbewusste. Es ist sinnvoll, den Lernstoff vorher einmal bewusst durchzugehen und zu verstehen. Diese Methode eignet sich neben dem Lernen von Sprachen für alles, das man auswendig lernen will, für Gedichte, Geschichtsdaten und Formeln. Es gibt noch eine Methode, die so genannte *Budzynski-Methode*, die das Lernen mit Tonbändern nutzt. Bei der *Budzynski-Methode* wird der Verstand abgelenkt, um den Lernstoff direkt ins Unbewusste zu bringen. Man hört mit Hilfe eines Kopfhörers mit jedem Ohr einen anderen Text. Mit dem rechten Ohr (für die rationale Gehirnhälfte) hört man eine sinnlose Folge von Zahlen. Damit wird der bewusste Verstand abgelenkt, während das linke Ohr (für die emotionale Gehirnhälfte) den Lerntext anhört. Der Verstand wird abgelenkt, damit er mit seinen Zweifeln das Lernen nicht stören kann („das bringt sowieso nichts"). Gleichzeitig gelangt der Lernstoff über das linke Ohr direkt ins Unbewusste.

Lernen durch Überladen mit Informationen

Es gibt noch eine exotisch wirkende Lernmethode, das Lernen durch *Überladen mit Informationen*. Wenn wir mit zu vielen Informationen gleichzeitig überschwemmt werden, schaltet der bewusste Verstand ab und der Lernstoff geht direkt ins Unterbewusste, ins Gedächtnis. Ich habe im Fernsehen einen Bericht über Buschmänner (Ureinwohner in der Kalahari-Wüste) gesehen, die das Lernen durch *Überladen* nutzen. Zwei erwachsene Buschmänner saßen vor einer Gruppe von Kindern. Beide sprachen gleichzeitig ganz schnell. Der eine erzählte etwas über Löwen, der andere über Antilopen. Während sie sprachen, ahmten sie die Bewegungen der Tiere so gut nach, dass ich vor meinem inneren Auge wirklich die Tiere sah. Die Kinder kreischten dabei vor Vergnügen. In Kapitel 14 und 15 erkläre ich, wie man mit Hilfe des *Überladens mit Informationen* schnell Fremdsprachen lernen und Bücher lesen kann.

Lernen im Schlaf

Es gibt Bücher, die empfehlen, im Schlaf durch das Abhören von Tonbändern zu lernen. Es gibt keine Hinweise darauf, dass diese Methode wirkt. Wir brauchen den Schlaf für unser Immunsystem und um uns geistig und körperlich zu erholen. Ich halte diese Methode für gefährlich.

Sublimale Nachrichten

Es gibt noch die Methode, dass man einen Lernstoff so auf einem Tonband aufnimmt, dass er für das menschliche Gehör nicht hörbar ist. Die Anhänger dieser Methode behaupten, dass Lernstoff und Suggestionen so direkt ins Unterbewusste gehen. Nach allen Informationen, die mir vorliegen, hat diese Methode überhaupt keine Wirkung.

Zum Abschluss dieses Kapitels eine Geschichte:

Odysseus

Der Physiklehrer erklärt das plastische Sehen: „Um plastisch zu sehen und um Entfernungen einzuschätzen, braucht man *zwei* Augen. Dafür gibt es ein schönes Beispiel aus der griechischen Mythologie. Als Odysseus mit seinem Schiff von der Insel des einäugigen Polyphem floh, warf ihm Polyphem Steine hinterher. Aber die Steine verfehlten das Schiff. Das kann man damit erklären, dass Polyphem, weil er nur ein Auge besaß, nicht plastisch sehen konnte und so die Entfernung nicht abschätzen konnte." Da meldet sich der kleine Kevin: „Aber Herr Lehrer, Odysseus hat dem Polyphem doch vor seiner Flucht das eine Auge ausgestochen. Polyphem war also völlig blind!" Der Lehrer murmelt: „Mmm …, das kommt allerdings noch erschwerend hinzu."

13. Die verschiedenen Ebenen des Lernens

Unser Bildungssystem beschäftigt sich hauptsächlich mit dem Vermitteln von *Wissen*. So müssen Schüler Geschichtsdaten auswendig lernen. Neben Wissen gibt es noch andere Gebiete, die sinnvoll sind zu lernen, etwa *Fähigkeiten* wie Englisch sprechen. Es gibt verschiedene Ebenen, auf denen wir lernen. Diese *Ebenen des Lernens* sind *Wissen, Verhalten, Fähigkeiten, Werte und Überzeugungen, Identität* und *Zugehörigkeit*. Veränderungen auf den höheren Ebenen beeinflussen alle unteren Ebenen. Veränderungen auf den unteren Ebenen haben selten Wirkungen auf die höheren Ebenen. Betrachten wir die einzelnen Ebenen genauer:

Die Ebenen des Lernens

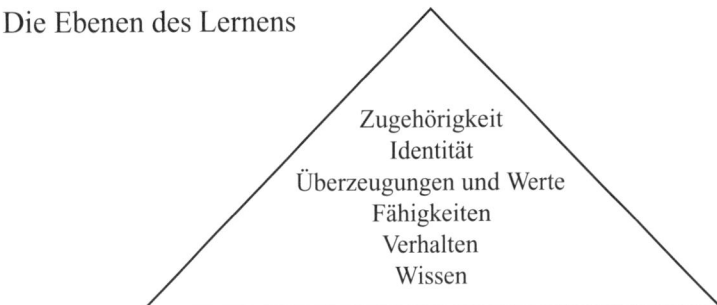

Zugehörigkeit
Identität
Überzeugungen und Werte
Fähigkeiten
Verhalten
Wissen

Wissen
Die unterste Ebene ist die Ebene des Wissens. Das Wissen ändert sich laufend. Was ich in der Schule über die Staaten auf dem Balkan gelernt habe, ist längst überholt. Früher hat sich die Menge des weltweit vorhandenen Wissens alle tausend Jahre verdoppelt, heute alle 2 Jahre. Man kann unmöglich alles lernen. Wissen hat wenig mit Intelligenz zu tun. Statt viel Wissen anzuhäufen, kann man lernen, wie man Informationen finden kann, zum Beispiel in Bibliotheken und im Internet. Aber natürlich ist es in vielen Berufen nötig, einen großen Schatz von Wissen zu erwerben. So braucht ein Arzt ein breites Wissen über den menschlichen Körper.

Verhalten

Die nächsthöhere Ebene des Lernens ist das *Verhalten*. In vielen Büchern werden nur Verhaltensregeln gelernt. Typisch sind Bücher, die behandeln, wie man sich anziehen sollte, um Erfolg zu haben, oder Bücher, in denen die günstigsten Einführungszüge beim Schach vorgestellt werden. Wer die besten Einführungszüge des Schachs auswendig gelernt hat, kann gegen Anfänger gewinnen. Wie man gut Schach spielt, hat er damit nicht gelernt. In guten Schachbüchern wie dem von *H. C. Opfermann* lernt man die Fähigkeit des Schachspielens. Der Leser lernt, eine Stellung zu beurteilen und gute Züge zu finden. Eine Stellung ist stark, wenn meine Figuren viele fremde Figuren und freie Felder bedrohen und meine Figuren gedeckt sind, während die Stellung des Gegners schwach ist. Das Lernen der Fähigkeit des Schachspielens dauert länger als das mechanische Auswendiglernen von Einführungszügen, aber es macht mehr Spaß, ist kreativer und bringt auf Dauer mehr.

Fähigkeiten

Die nächsthöhere Ebene des Lernens ist die Ebene der *Fähigkeiten*. Es gibt Fähigkeiten, die nur einen begrenzten Nutzen haben, wie das Entwickeln von Fotos. Und es gibt Fähigkeiten, die Zugang zu neuen Welten eröffnen, wie *Lesen* oder *Fremdsprachen*. Hier sind einige Fähigkeiten, die heute hilfreich sein können.

Es gibt *Grundfähigkeiten* wie seine Muttersprache beherrschen, Lesen, Schreiben und Rechnen. Die Weltsprachen Englisch, Spanisch, Französisch, Russisch und Arabisch öffnen den Zugang zu vielen Ländern und Büchern.

Kommunikationsfähigkeiten erleichtern den Zugang zu anderen Menschen. Man kann lernen, wie man kommunizieren, Konflikte lösen, Verhandlungen führen, telefonieren, flirten, eine Rede halten, Beziehungen führen, verkaufen und in einem Team arbeiten kann.

Auch *Denken* kann man lernen. Wir können die Phantasie, die Kreativität, flexibles Denken trainieren und ausbauen. Man kann lernen, nicht nur mechanisch in Ursache/Wirkungs-Zusammenhängen, sondern systemisch zu denken. Wie dieses Buch (hoffentlich) zeigt, kann man *lernen, wie man lernt. Lernen zu lernen* hat eine starke Hebelwirkung.

Von großer Bedeutung ist die Entwicklung der *Wahrnehmungsfähigkeiten*. Wie ausbaufähig unsere Wahrnehmungsfähigkeiten sind, kann man an Menschen erkennen, die in einem Sinneskanal eingeschränkt sind und deshalb die anderen Sinne stärker entwickelt haben. Es gibt Blinde, die am Echo erkennen können, was sich um sie herum befindet. Einige Blinde können allein in einem unbekannten Gebiet Bergwanderungen unternehmen. Der blinde *Ray Charles* fuhr als Jugendlicher in voller Geschwindigkeit mit dem Fahrrad durch sein Dorf und orientierte sich nur mit dem Gehör. Wahre Meister ihres Faches erkennt man oft an ihren Wahrnehmungsfähigkeiten. Ein guter Automechaniker kann heraushören, welcher Zylinder kaputt ist. Mehr Informationen zur Entwicklung der Wahrnehmungsfähigkeiten finden Sie in den Büchern von *Brooks* und *Stevens*. Oft verkümmern Wahrnehmungsfähigkeiten, weil wir uns von künstlichen Hilfsmitteln abhängig gemacht haben. Viele Ärzte brauchen heute ein Thermometer, um festzustellen, ob ein Patient Fieber hat. Früher fühlte ein Arzt die Stirn des Patienten und erhielt damit nicht nur Informationen über die Temperatur, sondern auch über den Schweiß, die Anspannung usw. und er vertiefte den Kontakt zum Patienten. Wenn wir die Welt mit offenen *Sinnen* erleben, geben wir unserem Leben mehr *Sinn*.

Im *Arbeitsbereich* kann man lernen, Ordnung zu schaffen und zielgerichtet, planvoll und mit Spaß zu arbeiten. Auch einen angemessenen Umgang mit Geld kann man lernen.

Im *körperlichen Bereich* kann man lernen, seine Bewegungen zu koordinieren, sein Körperbewusstsein zu entwickeln, lernen, etwas für seine Gesundheit und seine Fitness zu tun, Zugang zu seinen Selbstheilungskräften zu bekommen.

Im *psychischen Bereich* kann man lernen, Zugang zu seinen Gefühlen zu bekommen, lernen, Gefühle zu erkennen und zu unterscheiden, sie auszuhalten und auszudrücken. Wir können Zugang zu unserer Intuition bekommen, lernen, angemessene Entscheidungen zu treffen, lernen, geduldig zu sein. Psychologen haben einmal ein interessantes Experiment mit Erstklässlern gemacht, dessen Ergebnisse den späteren beruflichen Erfolg der Kinder besser vorhersagten als der Intelligenzquotient und die soziale Herkunft der Schüler zusammengenommen. Das Experiment war ganz einfach. Die Psychologen fragten jedes Kind, ob es jetzt *ein* Bonbon oder in einer Stunde *zwei* Bonbons haben wolle. *Die* Kinder, die eine Stunde warten konnten, waren später im Beruf bedeutend erfolgreicher. Beim Lernen ist die Fähigkeit, etwas tun zu können, auch wenn es nicht sofort belohnt wird, wichtig, weil Ergebnisse beim Lernen oft nicht sofort sichtbar werden.

In einem *übergeordneten Bereich* kann man lernen, das Leben zu genießen, zu feiern, mit sich selbst in Einklang zu kommen, zu meditieren, ein Gefühl für Ästhetik, ein Gefühl der Dankbarkeit für das Leben, Urvertrauen in die Existenz zu bekommen.

Für das Lernen besonders wichtige Fähigkeiten sind Kreativität, Phantasie, Flexibilität, Wahrnehmung, systemisches Denken, Intuition, Geduld und die Fähigkeit, *effektiv und mit Spaß zu lernen.*

Überzeugungen und Werte

Die nächsthöhere Ebene des Lernens ist die Ebene der *Überzeugungen und Werte.* Wenn ein Mädchen davon überzeugt wurde, dass Frauen zu dumm für Mathematik sind, wird es ihm schwer fallen, Mathematik zu lernen. Überzeugungen haben die Tendenz, sich selbst zu erfüllen. Einschränkende Überzeugungen zum Thema Lernen wie *„Lernen ist anstrengend und langweilig; blonde Frauen, Afrikaner und Handwerker sind dumm"* erschweren das Lernen. Meist sind diese Überzeugungen durch keinerlei Erfahrungen belegt und haben doch eine verheerende Wirkung. Man kann überholte, einschränkende Überzeugungen ziemlich schnell in sinnvollere Überzeugungen verwandeln, zum Beispiel mit Hilfe von NLP. In Kapitel 22 betrachten wir, welche Überzeugungen zum Thema Lernen sinnvoll sind.

Auf der gleichen Ebene wie Überzeugungen stehen unsere Werte. Werte sind zum Beispiel *Ehre, Familie und Freiheit.* Werte bestimmen, was uns *wert* ist, Zeit, Geld und Energie in etwas zu investieren. Menschen, für die *Bildung, Lernen, Vorwärtskommen* und *Können* einen besonderen Stellenwert haben, fällt es leichter, ihre Energie dem Lernen zu widmen. Statt durch Predigen oder Druck kann man Werte durch das eigene Beispiel vermitteln.

Identität

Die nächsthöhere Ebene des Lernens ist die Ebene der *Identität.* Die Identität wird besonders durch Überzeugungen über die eigene Person geprägt. Überzeugungen wie *„Ich bin dumm"* sind ungünstig. Sinnvoller sind Überzeugungen wie *„Ich lerne auf meine Art und in meiner Geschwindigkeit."* Statt sich zu sagen *„Ich bin ein schlechter Schüler"* kann man sagen: *„Im Moment habe ich noch weniger gute Noten, ich lerne, wie man effektiv lernt und habe in einem Jahr einen Notendurchschnitt von 2,0."*

Eine Bekannte von mir sagte einmal in der Grundschule aus Versehen statt *„Adolf* Hitler" *„Alfons* Hitler". Der Lehrer sagte zu ihr, sie sei dümmer als eine Kuh. Der Fehler war auf der untersten Ebene des Lernens, auf der Ebene des Wissens. Die Kritik kam auf der hohen Ebene der Identität. Und meine Bekannte hat dem Lehrer geglaubt und ist deshalb nicht zum Gymnasium gegangen.

Psychologen haben einmal ein interessantes Experiment mit *„lernbehinderten"* Schülern gemacht. Die Psychologen machten mit den Schülern einen Intelligenztest. Die Schüler schnitten dabei ziemlich schlecht ab. Nach 4 Wochen wiederholten die Psychologen mit denselben Schülern einen vergleichbaren Test, nur sagten sie diesmal den Schülern: „Tut heute einfach so, als ob ihr intelligent wärt!" Die Schüler verbesserten bei dem zweiten Test ihre Leistungen bedeutend. Als die Psychologen einen Schüler fragten, wie es komme, dass er sich um ein Drittel verbessert habe, antwortete er: „Das war ja gar nicht ich, ich habe nur so getan, als ob ich intelligent wäre. In Wirklichkeit bin ich ja doof."

Auch das innere Bild, das wir von uns selbst haben, unser *Selbstbild*, hat großen Einfluss auf unsere Identität. Wir können lernen, dieses Selbstbild zu verändern (siehe mein Buch *Neue Lebens Perspektiven*).

Zugehörigkeit

Die höchste Ebene des Lernens ist die Ebene der *Zugehörigkeit*. Zugehörigkeit zeigt sich in solchen Sätzen wie „Ich bin Buddhist, ich bin Adliger." Es gibt Kulturen und Religionen, in denen Frauen kaum Selbstverwirklichung und Bildung zugestanden wird. In solchen Ländern ist es für Frauen schwer, Bildung zu erwerben.

Ich gebe ein Beispiel für die Auswirkungen der Ebene der Identität und der Zugehörigkeit auf das Lernen. Ich habe einmal eine Engländerin unterrichtet, die in ein paar Wochen Deutsch lernen musste. Nach ein paar Tagen merkte ich, dass sich die Engländerin gegen die deutsche Sprache sträubte. Sie sagte, sie befürchte, eine deutsche Faschistin zu werden. Ich sagte ihr, dass sie weiter Engländerin bleiben werde und nur die Möglichkeit bekomme, sich in einer weiteren Sprache auszudrücken. Am nächsten Tag fing sie an, Deutsch zu sprechen.

Auswählen, was man lernen will

Ich mache mir das Lernen so leicht wie möglich. Deshalb wähle ich aus, was ich lerne. Meine Hausschlüssel lege ich immer an den gleichen Platz, dann brauche ich mir nicht zu merken, wo ich sie hingelegt habe. Telefonnummern lerne ich nicht auswendig, ich schreibe sie mir auf. Wenn ich auswählen kann, was ich lerne, entscheide ich mich eher für *Fähigkeiten* als für *Wissen*. Ich gehe Dozenten aus dem Weg, die negative Überzeugungen zum Thema Lernen oder über das Leben verbreiten oder Schüler auf der Ebene der Identität angreifen.

Früher konnte man nur mit Studium beruflichen Erfolg haben. Heute gibt es auch erfolgreiche Menschen ohne Abitur. Das Abitur eröffnet allerdings mehr Möglichkeiten, man kann unter mehr Ausbildungen und Arbeitsmöglichkeiten auswählen. Eine gute Möglichkeit ist, nach dem Abitur eine Lehre zu machen und danach zu studieren. Man kann Schreiner lernen und dann Architektur studieren. Die Ausbildung dauert etwas länger, ist aber fundierter. Man weiß besser, worauf es beim Studium ankommt, und kann in den Semesterferien in dem Beruf arbeiten. Menschen mit einer praktischen Ausbildung und einem Universitätsabschluss sind gefragt. Oft kommt ein Architekt mit frischem Diplom ohne praktische Erfahrung auf die Baustelle und will einem erfahrenen Maurermeister sagen, wo es langgeht. Natürlich hat ein Architekt Dinge gelernt, die ein Maurermeister nicht weiß. Ein Studium hat seine Berechtigung. Es gibt jedoch zu wenig Menschen, die zwischen der Welt der Handwerker und der Welt der Akademiker vermitteln können. In unserer Kultur herrscht eine Kluft zwischen der Welt der Akademiker und dem Rest der Bevölkerung und eine Kluft zwischen den Geistes- und den Naturwissenschaften. Alle können voneinander lernen.

Lernen, zu vergessen

Manchmal ist es günstig, etwas zu vergessen. Es ist eine Gabe, vergessen zu können. Nervenverbindungen, die lange Zeit nicht benutzt werden, werden mit der Zeit schwächer. Man kann dies mit Spuren im Schnee vergleichen, die nach einiger Zeit vom Schnee zugeweht werden, wenn keiner auf ihnen geht. Falls man die vergessenen Informationen oder Fähigkeiten später wieder braucht, lassen sie sich leicht wieder auffrischen.

Zusammenfassung dieses Kapitels
Alles, was wir lernen, kann man verschiedenen Ebenen des Lernens zuordnen. Die Ebenen des Lernens sind *Wissen, Verhalten, Fähigkeiten, Werte und Überzeugungen, Identität* und *Zugehörigkeit.* Lernen auf den höheren *Ebenen des Lernens* beeinflusst alle unteren Ebenen. Lernen auf den unteren Ebenen hat selten Wirkungen auf die höheren Ebenen.

Zum Abschluss dieses Kapitels eine Anekdote:

Vergesslich
Eine Studentin verließ nach einem Streit ihren Freund, mit dem sie zwei Jahre zusammengelebt hatte. Vorübergehend ging sie zu ihren Eltern zurück. Nach einer Woche versöhnte sie sich mit ihrem Freund und zog wieder bei ihm ein.

Am nächsten Morgen sitzen die zwei beim Frühstück, als er plötzlich stutzt und sagt: „Ach ja, irgendetwas wollte ich dir noch sagen, was war das denn gleich wieder?" Sie beruhigt ihn: „Es wird dir schon wieder einfallen!" – „Nein, das gibt es doch nicht, dass ich das vergessen habe. Ich weiß noch genau, dass ich mir extra vorgenommen habe, es dir zu sagen!"

Nach einigen Minuten Kopfzerbrechen strahlt er: „Jetzt ist es mir wieder eingefallen. Ich wollte dir sagen, es hat mich gefreut, dass du wiedergekommen bist!"

14. Einzelne Lernfächer

Wir untersuchen in diesem Kapitel, wie man einzelne Lernfächer, z. B. Mathematik, lernen kann.

14.1 Fremdsprachen lernen

Betrachten wir zuerst, wie man Fremdsprachen lernen kann. Ein Hinweis für Schüler: Was ich sage, wird vielleicht dem widersprechen, was Ihre Lehrer sagen. Wenn Sie Ihrer Lehrerin sagen, dass Herr Mayer schreibt, ihr Unterricht tauge nichts, hat keiner etwas davon. Das Kultusministerium schreibt den Lehrern vor, wie sie unterrichten müssen. Sie können die Ideen, die ich hier bringe, nutzen, um für sich nebenher leicht eine Fremdsprache zu lernen. Dies wird sich auch positiv auf die Schulnoten auswirken.

Vokabeln lernen

Ich halte wenig vom Vokabellernen. Wenn man lernt *Baum = tree* verbindet man das englische Wort mit der deutschen Übersetzung. Es ist günstiger, das englische Wort direkt mit der Bedeutung zu verbinden, indem man ein Bild zeichnet wie unten oder kleine Zettel (post it) mit den englischen Bezeichnungen auf Gegenstände heftet (auch in der Vorstellung).

Am besten lernt man ein Wort in einem englischen Satz ("I sit under the tree"). Wenn man lernt *tree = Baum* ist das englische Wort mit der deutschen Übersetzung verbunden. Wer so Vokabeln lernt, übersetzt deutsche Sätze Wort für Wort ins Englische, für "Ich weiß es nicht" sagt er: "I white it not." In Wirklichkeit heißt es: „I don't know." Wörterbücher sind kaum zum Lernen von Fremdsprachen geeignet. Für Anfänger sind Bilderwörterbücher sinnvoll, manchmal bringen sie auch Beispielsätze. Für Fortgeschrittene sind einsprachige Wörterbücher geeignet, in denen das Wort auf Englisch erklärt wird. Wenn man Vokabeln lernen muss, kann man einen typischen Satz mit der Vokabel lernen, für *table: I sit at the table.* Statt ständig zwischen dem Deutschen und dem Englischen hin und her zu wechseln, denkt man am besten von Anfang an in der Fremdsprache. Wenn man einen Satz erst auf Deutsch überlegt und dann Wort für Wort ins Englische übersetzt, bleibt man stecken, wenn einem ein einziges Wort nicht einfällt. Wenn ich in Englisch denke, fallen mir viele Alternativen ein, wie ich den gleichen Inhalt mitteilen kann. Wenn ich einen Arzt brauche, kann ich sagen: „Ich brauche einen Arzt, einen Doktor, ich bin krank, wo ist ein Krankenhaus, eine Klinik, eine Apotheke; ich brauche Medikamente, Arznei, Pillen, Aspirin, Hilfe, SOS."

Grammatik

Nachdem ich die erste heilige Kuh des traditionellen Sprachunterrichts, das Vokabellernen, geschlachtet habe, vergreife ich mich gleich an der nächsten heiligen Kuh, dem Grammatikunterricht. Um eine Sprache zu lernen, braucht man keine Grammatik. Kleine Kinder sprechen ihre Muttersprache perfekt, *weil* sie die Grammatikregeln nicht kennen. Ich gebe ein Beispiel. Im Russischen gibt es 6 Fälle:

Singular, männlich, Deklination der russischen Vokabel *stul* (auf Deutsch Stuhl)

1. Fall	Nominativ	stul
2. Fall	Genitiv	stula
3. Fall	Dativ	stulu
4. Fall	Akkusativ	stul
5. Fall	Instrumental	stulom
6. Fall	Präpositiv	stule

Ich hatte einmal einen Schüler, der diese Reihenfolge perfekt herunterrattern konnte. Als ich auf einen Stuhl zeigte und fragte: „Was ist das?" (Schto äto?)

schto = was (ist)   äto = das

antwortete er statt der richtigen Antwort *Äto stul* (Das ist ein Stuhl.):
„Ja on o stolim" (Ich er über des Tischer.).

Die Bezeichnungen Dativ und Akkusativ braucht man nicht zu kennen, um zu sprechen. Die Namen der einzelnen Fälle sind willkürliche Bezeichnungen. Man hätte den Fällen auch andere Namen geben oder sie in eine andere Reihenfolge bringen können. Man kann das Lernen von Grammatik mit einem kleinen Schritt erleichtern. Man kann einen Beispielsatz lernen, in dem die Grammatikregel angewendet wird. Die Deklination im obigen Beispiel kann man mit folgenden Sätzen lernen:

Einzahl		männlich	weiblich	sächlich
Nominativ	Das ist	der Mann	die Frau	das Kind
Genitiv	Der Bruder	des Mannes	der Frau	des Kindes
Dativ	Ich helfe	dem Mann	der Frau	dem Kind
Akkussativ	Ich sehe	den Mann	die Frau	das Kind

Wenn ich den Dativ in dem Satz „Ich helfe dem Kind" gelernt habe, wende ich ihn beim Sprechen und Schreiben automatisch richtig an. Es ist nicht nötig, die der Sprache zugrunde liegenden Grammatikregeln bewusst zu kennen, um richtig zu sprechen. Kein Mensch kennt alle Regeln, nach denen eine Sprache geformt wird. Oder können Sie den Unterschied der folgenden Sätze erklären?

Es ist verboten, den Polizisten umzufahren.

Es ist nötig, den Polizisten zu umfahren.

Es gibt Lerngebiete, bei denen man am besten Schritt für Schritt vorgeht und alles bewusst lernt. Beim Rechnen muss man erst die Zahlen kennen, bevor man addieren kann. Dann erst kann man das Subtrahieren (Abziehen) lernen und verstehen. Beim Sprachenlernen ist es nicht nötig, die Grammatikregeln bewusst zu kennen. Die bewusste Kenntnis der Regeln hindert eher beim Sprechen. Wenn wir unsere Muttersprache mit Wörterbüchern und Grammatik gelernt hätten, würden wir alle stottern. Kinder lernen Gehen ohne Kenntnisse der Physik wie Hebelgesetze, Beschleunigung und Masse. Trotzdem berücksichtigen Kinder beim Gehen unbewusst alle diese Regeln.

In dem Buch *Englisch lernen – Bild für Bild* von *I. A. Richards* werden der Grundwortschatz und die Grundgrammatik in anschaulichen Bildern erklärt. Die Grammatik der russischen Sprache in Illustrationen von *K. I. Pechlivanova* und *M. N. Lebedeva* erklärt die russische Grammatik in einfachen Bildern und Sätzen. Es ist das reine Vergnügen, in diesem Buch zu lesen. Ein Beispiel aus dem Buch.

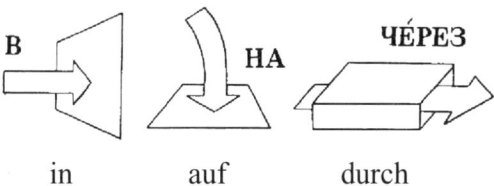

Mit dem Buch *Russisch in Übungen* von *S. Chawronina* und *A. Schirotschenskaja* kann man die russische Grammatik in einfachen Übungen lernen. Ein von mir übersetztes Beispiel:

Muster: – Wer wiederholt den Dialog? (ich)
        – Ich wiederhole den Dialog.
1. Wer liest den Text? (Anna)
2. Wer liest den Text gut? (Anna und Paul)

Fremdsprachen lernen wie Kinder
Am besten lernt man eine Fremdsprache ähnlich, wie man seine Muttersprache gelernt hat. In welchen Schritten lernen Kinder ihre Muttersprache?
1. Hören
   Kinder gewöhnen sich schon im Mutterleib an den Klang der Muttersprache. Wenn Sie Englisch lernen wollen, können Sie so viel wie möglich Englisch hören (Radio). Auch wenn Sie nicht zuhören, gewöhnen Sie sich an den Klang der Sprache.
2. Babbeln
   Als nächstes babbeln Kinder, sie sprechen sinnlose Silben. Diesen Schritt können Erwachsene auslassen.
3. Verstehen
   Irgendwann verbinden Kinder Wörter mit Bedeutungen, sie verstehen, dass *Wauwau* Hund bedeutet.
4. Sprechen
   Erwachsene beginnen oft zu früh mit dem Sprechen in der Fremdsprache, sie merken sich dann oft ihre eigenen Fehler.
5. Lesen
   Kinder beginnen erst zu lesen, wenn sie schon sprechen können. Oft

lesen Erwachsene ein Wort, bevor sie wissen, wie es ausgesprochen wird. Ein Beispiel: Im Russischen wird der Buchstabe *E* als *Je* gesprochen. Russen lesen das Wort *Eltern* als *Jeltjern*. Erstaunlicherweise ist ein Hauptproblem beim Fremdsprachenlernen nicht, dass Menschen ein schlechtes Gedächtnis haben, sondern dass sie sich einmal gelernte Fehler zu gut merken. Was falsch gelernt wurde, ist schwer zu korrigieren. Viele Deutsche sprechen das *K* in dem Satz „I know", obwohl es im Englischen nicht gesprochen wird.

Am besten lernt man Fremdsprachen im Land selbst. Sie können in Deutschland einen Kurs bei einer muttersprachlichen Dozentin besuchen, die den Kurs einsprachig hält. Die meisten Sprachlehrgänge mit Audio-CDs oder Kassetten sind brauchbar. Bei der *Assimil-Methode* stehen auf der linken Seite kleine Texte auf Englisch, rechts die deutsche Übersetzung. Wenn man eine Lektion verstanden hat, kann man sie immer wieder anhören. Es ist sogar günstiger, beim Abspielen der schon durchgearbeiteten Lektionen nicht zuzuhören. Man kann nähen und im Hintergrund die CDs abspielen. Wenn man die CDs etwa 20-mal im Hintergrund gehört hat, sind die Lektionen ins Unbewusste gegangen, und man kann die Texte auswendig. Dann kann man diese Texte und Variationen von ihnen sprechen. Bei der *Berlitz-Methode* begleitet der Dozent das Gesagte mit seiner Körpersprache. So verstehen die Schüler den Text besser und nehmen ihn mit beiden Gehirnhälften auf. Man erleichtert sich das Lernen von Fremdsprachen, wenn man Sätze mit Gesten, Mimik und Bewegungen begleitet. Man kann ein Buch öffnen, während man den Satz sagt: *I open the book* (Ich öffne das Buch). Diese *ganzheitliche* Art zu lernen bezieht die ganze Persönlichkeit ein, den Verstand, die Gefühle und den Körper.

Man kann sich Kaufhauskataloge in der Fremdsprache besorgen. Da kann man die Wörter für die wichtigsten Gegenstände des Alltags kennenlernen. Wenn man fortgeschritten ist, kann man Bücher in der Fremdsprache lesen. Als Einstieg sind Bilderbücher für Kinder geeignet. Nicht so geeignet sind Märchenbücher und die Bibel, die eine altertümliche Sprache benutzen. Comics wie *Mickey Mouse* sind zum Sprachenlernen hervorragend geeignet. *Asterix* weniger, da gibt es viele schwer verständliche Sprachwitze. Wenn man fortgeschritten ist, kann man ein Buch, das man schon auf Deutsch gelesen hat, in der Fremdsprache lesen. Wenn man einen Satz nicht versteht, ist das kein Problem, weil man ja die Handlung kennt. Günstig für den Einstieg sind Autoren, die in einem einfachen, klaren Stil schreiben wie *Simenon* (Maigret). Die *Harry Potter*-Bücher sind für den Einstieg etwas zu schwer, in ihnen kommen viele ausgefallene Wörter vor. Wenn Sie diese Bücher lieben, können sie auch geeignet sein. Interesse ist ein wichtiger Faktor beim Lernen. Über das Hören und Singen von Liedern kann man Sprachen lernen. Französisch mit den Chansons von *Georges Moustaki*, Englisch mit den Songs von *Leonhard Cohen*, Russisch mit den Liedern von *Bulat Okudschawa*.

Sie können sich fremdsprachliche Hörbücher besorgen und anhören, am Anfang Hörbücher von Romanen, die Sie schon auf Deutsch gelesen haben. Es ist günstig, englische Filme, Videos und Fernsehen anzuschauen. Die *Sesamstraße* auf Englisch ist für Anfänger im Englischen leicht zu verstehen. Im Fernsehen gibt es oft Filme mit Untertiteln. Manchmal sind die Untertitel in Englisch, manchmal mit der deutschen Übersetzung. Zum Sprachenlernen sind beide Varianten geeignet. Man kann einen Film, den man mag, auf Video aufnehmen und immer wieder anschauen. Bei DVDs besteht meist die Möglichkeit, den Film in der Originalversion anzuschauen, oft mit Untertiteln. Comics und Videos haben den Vorteil, dass sie mehrere Sinne gleichzeitig ansprechen, die Augen und die Ohren (audiovisuell).

Was uns brennend interessiert, können wir uns am besten merken. Ich kann englische Bücher über etwas lesen, das mich interessiert.

Eine Fremdsprache zu *verstehen* und eine Fremdsprache zu *sprechen* sind unterschiedliche Fähigkeiten, für die verschiedene Gehirnhälften zuständig sind. Wenn man eine Fremdsprache *verstehen* will, kann man möglichst viel in der Fremdsprache hören oder lesen. Wenn man eine Fremdsprache *sprechen* will, kann man einen Text, den man verstanden hat, immer wieder auf Tonband anhören, am besten nebenher.

Fremdsprachen lernen durch Überladen mit Informationen

Es gibt noch eine Methode, eine Fremdsprache in kürzester Zeit zu lernen. Diese Methode klingt unwahrscheinlich. Ich will alle Möglichkeiten zu lernen vorstellen, auch wenn sie exotisch klingen.

Bei dieser Methode reden 10 Leute zwei Wochen lang ununterbrochen in ihrer Muttersprache auf den Schüler ein. Wenn 10 Leute in einer fremden Sprache auf einen einreden, ist der bewusste Verstand überfordert, er schaltet ab. Die Informationen gehen dann direkt ins Unbewusste. Das Unbewusste verarbeitet diese Informationen, ohne dass man davon etwas mitbekommt. Nach etwa 14 Tagen fängt die Person an, ohne Akzent in der Fremdsprache zu sprechen. Wenn man gleich in ein Land fährt, in dem die Sprache gesprochen wird, bleibt die Fähigkeit, die Sprache zu sprechen, auf Dauer erhalten. Das klingt zu gut, um wahr zu sein. Trotzdem halte ich diese Methode für möglich. Grundsätzlich glaube ich wenig und halte viel für möglich. Die Methode des Lernens einer Fremdsprache über *Überladen mit Informationen* ähnelt einer Methode, mit der man Bücher in kürzester Zeit lesen kann, dem so genannten *PhotoReading* (das ich im nächsten Kapitel vorstelle). Ich halte es für möglich, dass das Sprachenlernen durch *Überladung mit Informationen* funktioniert. Ich würde jedoch vorsichtig damit umgehen. Vielleicht übernimmt man neben der Sprache auch einschränkende Überzeugungen.

Latein und Altgriechisch

Wie kann man „tote" Sprachen wie Latein lernen? Um Vokabeln und Grammatik zu lernen, kann man einen Beispielsatz auswendig lernen. Man kann schon durchgenommene Texte auf Tonband sprechen und immer wieder anhören. Als Fortgeschrittener kann man bei zweisprachigen Büchern erst eine Seite auf Deutsch lesen und dann in Latein. Ich habe Altgriechisch gelernt und beim schriftlichen Übersetzen ins Deutsche einen Text als Ganzes immer wieder durchgelesen, bis sich der Text langsam erschlossen hat. Manchmal kann man einen Text im Ganzen leichter erfassen als Wort für Wort. Dieses ganzheitliche Erfassen kann man auch bei anderen Lerngebieten nutzen. Man kann sich erst einen Überblick über ein Thema verschaffen. Durch den Überblick schaffen wir im Gehirn eine Nervenstruktur, in die sich die einzelnen Informationen einordnen lassen.

14.2 Namen

Viele Menschen fühlen sich geachtet, wenn man sich an ihren Namen erinnert. Gerade im Geschäftsleben ist es nützlich, wenn man sich Namen merken kann. Wie kann man sich Namen merken?

Man kann die Person öfter mit ihrem Namen ansprechen. Wenn man allein ist, kann man den Namen einige Male mit Rhythmus und Körperbewegung vor sich her sagen. Meist wird empfohlen, sich Namen mit Hilfe von Eselsbrücken zu merken. Ich finde dies riskant. Es kann peinlich werden, wenn man den Herrn *Rabe* mit „Herr *Krähe*" anspricht. Am besten ist, wenn man den Namen mit dem betreffenden Gesicht verbindet. Man kann sich ein Foto der Person mit dem Namen auf einem Schild auf der Brust vorstellen.

So werden Name und Gesicht zusammen gespeichert. Eventuell kann man ein Symbol für den Beruf oder den Zusammenhang, in dem man den Mann kennen gelernt hat, hinzufügen. Sie können sich vorstellen, dass der Mann in seiner eigenen Stimme sagt: „Ich bin Herr Miller", damit Sie ihn am Telefon wiedererkennen. Wenn der Mann ein Allerweltsgesicht hat, kann man besondere Kennzeichen wie in einer Karikatur verstärken, um sich das Gesicht besser einzuprägen.

14.3 Zahlen und Nummern

Wie kann man sich Zahlen und Nummern, etwa Telefonnummern und Geheimzahlen von Scheckkarten, merken? Nehmen wir die fiktive Telefonnummer 173368. Wenn ich mir jede Zahl einzeln merke, muss ich mir 6 Zahlen merken. Wenn ich diese Nummer in Zweiergruppen aufteile, sind es nur noch 3 Zahlen, nämlich 17, 33, 68. Den meisten Menschen fällt es leichter, sich drei zweistellige Zahlen zu merken als 6 einstellige. Vielleicht können Sie sich die Nummer noch leichter einprägen, wenn Sie sie in zwei dreistellige Zahlen aufteilen, also 173 und 368. Manche Menschen merken sich Telefonnummern auch mit einem Rhythmus wie eins 73, drei 68 oder 17 drei 36 acht.

Telefonnummern und Geheimzahlen von Scheckkarten lassen sich mit der Bewegung, die man beim Eintippen macht, einprägen. Die Geheimnummer 1379 kann man sich mit der Bewegung und dem Bild eines Z merken. Zusätzlich kann man die Nummern vor sich her sagen.

Die Geheimnummer 7461 kann man sich auch als 7.4.61, als 7. April 61 merken. Manche Nummern, etwa die Geheimnummer 1245, lassen sich als Uhrzeit merken.

Man kann jede Zahl von 1 bis 10 mit einer Farbe, einem Ton und einem Vokal verbinden, sie kodieren. Als Farben kann man nehmen: Schwarz, Lila, Blau, Violett, Orange, Rot, Grün, Braun, Türkis und Rosa. Als Vokale kann man nehmen: A, E, I, O, U, EU, EI, AU, Ä, Ü, Ö. Eine Möglichkeit die Zahlen von 0 bis 9 mit Vokalen und Farben zu verbinden ist:

Zahl	Vokal	Farbe
0	U	Schwarz
1	i	Türkis
2	AU	Grau
3	E	Rot
4	A	Blau
5	Ä	Gelb
6	Ö	Violett
7	Ü	Grün
8	O	Rosa
9	EU	Braun

Wenn ich eine Telefonnummer wähle, kann ich mir beim Tippen jeder Zahl die dazugehörige Farbe vorstellen und den dazugehörigen Vokal innerlich hören. Damit wird die Telefonnummer in vielen Sinnen abgespeichert. Manche Menschen verbinden automatisch Zahlen mit bestimmten Farben. Eine solche Überschneidung von verschiedenen Wahrnehmungskanälen nennt man eine *Synästhesie*.

Statt mit Vokalen kann man die Zahlen von 1 bis 10 auch mit bestimmten Konsonanten verbinden. Ein Beispiel: Nehmen wir an, ich will mir die Geheimnummer 2319 merken. Ich habe vorher die Zahlen von 1 bis 10 mit bestimmten Konsonanten verbunden. Für die Zahlen 2, 3, 1, 9 stehen folgende Konsonanten

2 = F
3 = S
1 = C
9 = H

Jetzt kann ich mir die Konsonantenfolge „FSCH" merken. Dies mache ich, indem ich ein Wort suche, in dem diese Konsonanten in dieser Reihenfolge auftauchen, in diesem Beispiel „Fisch". Ich merke mir das Wort „Fisch" und kann daraus die Geheimnummer ableiten.

Man kann die Zahlen von 1 bis 10 mit folgenden Bildern verbinden:

1 = Kerze

2 = zwei Augen

3 = Dreieck

4 = Tisch mit vier Beinen

5 = fünf Finger einer Hand

6 = die sechs Augen eines Würfels

7 = Flagge (ähnliche Form)

8 = Achterbahn

9 = Golfschläger (ähnliche Form)

10 = zehn Zehen

Wer viel mit Zahlen zu tun hat, kann sich für die Zahlen von 1 bis 100 Bilder machen, etwa für 33 Hitler, der gerade zur Macht kommt, für 69 den ersten Menschen auf dem Mond, für 17 Lenin mit Spitzbart, der ebenfalls gerade die Macht ergreift.

Die Telefonnummer 33 69 17 kann man sich in der Bilderfolge Hitler, Mann auf dem Mond, Lenin merken.

Es kostet ein wenig Zeit, sich Bilder für die Zahlen von 1 bis 100 einzuprägen, diese Arbeit kann jedoch Spaß machen und zahlt sich später aus.

Man kann sich Telefonnummern und Geheimzahlen auch merken, indem man mathematische Beziehungen zwischen den einzelnen Zahlen findet. Ein paar Beispiele:

224          $2 + 2 = 4$
3515 $3 \times 5 = 15$
36912 $3 + 3 = 6 + 3 = 9 + 3 = 12$
2173 $21 : 7 = 3$

Viele Menschen verbinden Zahlen mit Gefühlen oder mit einer tieferen Bedeutung. In unserem Kulturkreis verbinden viele die 13 mit Unglück und die 7 mit Glück.

14.4 Reihenfolge

Wenn man sich einzelne Informationen in einer bestimmten Reihenfolge merken will, kann man sich zuerst zu jeder Information ein inneres Bild machen. Dann verbindet man diese Bilder mit einer Reihenfolge, die man schon im Gedächtnis hat. Man kann die Bilder mit der Zahlenfolge, dem ABC, dem Weg zur Arbeit, einem Kochrezept verbinden. Wenn ich den Weg zur Arbeit nehme, kann ich in der Vorstellung an alle Punkte, an denen ich die Richtung wechsle, ein Plakat mit einem Bild aufhängen. Ein Beispiel: Wenn ich mir die Begriffe Natur, Gerechtigkeit, Familie, Religion in dieser Reihenfolge merken will, mache ich mir zuerst Bilder zu den Begriffen:

Natur	Sonne	
Gerechtigkeit	Justitia mit Waage	
Familie	Mutter, Vater, Kind	
Religion	Kapelle	

Für Gerechtigkeit kann man das Bild der Justitia mit einer Waage nehmen. Die markanten Punkte auf dem Weg zu meiner Arbeit, an denen ich die Fahrtrichtung ändere, sind:
die Brücke, der Brunnen, die Fabrik, der Bahnhof
Ich verbinde die Bilder der Informationen dann mit den einzelnen Orten.

Sonne über der Brücke

Justitia am Brunnen

Mutter, Vater, Kind bei der Fabrik

Kapelle am Bahnhof

Diese Bilderfolge gehe ich ein paar Mal in der Vorstellung durch. Wenn ich mich später an die Begriffe in der richtigen Reihenfolge erinnern will, folge ich in der Vorstellung dem Weg zur Arbeit. Diese Technik nutzen die meisten Gedächtniskünstler. Im normalen Leben braucht man diese Technik eher selten. Meist lernt man Informationen, die an sich schon einen logischen oder zeitlichen Zusammenhang haben. *A. Baddeley* schrieb: „Ich muss gestehen, dass ich mir eine Einkaufsliste nicht merke, indem ich mir vorstelle, wie Würste meinen Kronleuchter verzieren und Bananenstauden aus dem Kleiderschrank sprießen. Ich schreibe sie mir ganz einfach auf."

14.5 Rechtschreibung

Wie kann man sich merken, wie ein deutsches oder englisches Wort geschrieben wird? Es gibt zwei Möglichkeiten, wie sich Menschen die

Rechtschreibung merken. Die einen diktieren sich innerlich die Abfolge der Buchstaben, sie hören bei dem Wort Restaurant eine innere Stimme, die ihnen diktiert: „R, E, S, T, A" usw. Diese Methode ist umständlich und fehleranfällig. Wer gut in Rechtschreibung ist, sieht meist innerlich das geschriebene Wort vor sich und schreibt es vom inneren „Bildschirm" ab. Wenn man Schülern diese Methode beibringt, verbessert sich die Rechtschreibung deutlich. Sie können gleich üben, wie man Wörter auf dem inneren Bildschirm sehen kann. Diese Übung ist nicht nur für das Lernen von Rechtschreibung geeignet. Wer auf dem inneren Bildschirm Wörter sehen kann, kann dies für physikalische Formeln, Landkarten usw. nutzen. Die Fähigkeit, innerlich Worte sehen zu können, ist ein Hauptschlüssel, um ein Studium zu bestehen.

Übung: Innerlich Buchstaben und Wörter sehen
Nehmen Sie sich etwa 15 Minuten Zeit. Nehmen Sie sich die Zeit, die Übung Schritt für Schritt durchzugehen. Am Anfang mag einiges primitiv erscheinen. Ich steigere in dieser Übung die Anforderungen in kleinen Schritten. Setzen Sie sich hin und entspannen Sie sich. Probieren Sie aus, einen Buchstaben innerlich zu sehen, zum Beispiel ein A. Sie können dabei die Augen schließen oder mit geöffneten Augen auf eine weiße Wand schauen. Viele sehen den Buchstaben am besten, wenn sie gerade vor sich oder nach links oben schauen. Wir haben in Kapitel 7 die Blickrichtungen der Augen untersucht. Wenn ein Rechtshänder sich an ein Bild erinnert (das Gesicht einer Freundin), blickt er normalerweise nach links oben (von sich aus gesehen). Wenn er sich ein Phantasiebild ausmalt (wie würde eine Kreuzung von Zebra und Elefant aussehen), schaut er nach rechts oben. Bei Linkshändern ist dies seitenverkehrt. Es gibt allerdings viele Ausnahmen von dieser Regel. Sie können ausprobieren, in welcher Blickrichtung Sie am besten einen Buchstaben sehen können. Bei Rechtshändern ist dies normalerweise links oben oder vor den Augen. Wenn es Ihnen noch nicht so gut glückt, können Sie eine Banane nehmen und sie wie unten hinlegen.

Eine Banane ähnelt in der Form dem Buchstaben C. Sie können die Banane eine Zeit lang betrachten und dann ausprobieren, ob Sie die Banane innerlich sehen können. Wenn Sie einen Buchstaben innerlich sehen, probieren Sie aus, wie Sie den Buchstaben noch deutlicher und klarer sehen können. Gehen Sie die folgenden Anweisungen eine nach der anderen durch und behalten Sie jeweils die Art bei, mit der Sie den Buchstaben am deutlichsten sehen. Blicken Sie nun in die Richtung, in der Sie den Buchstaben am klarsten sehen.

In welchem Abstand können Sie den Buchstaben am besten sehen?

In welcher Größe können Sie ihn am besten sehen?

Sehen Sie ihn besser in Handschrift oder in Druckschrift, wie sieht die Schrift aus?

In welcher Farbe sehen Sie ihn am deutlichsten? Experimentieren Sie mit verschiedenen Farben.

Auf welchem Hintergrund sehen Sie ihn am deutlichsten? Vielleicht schwarz auf weiß, weiß auf blauem Grund, mit Sahne auf einem Schokoladenkuchen geschrieben oder in riesengroßen Leuchtbuchstaben auf einem Berg. Vielleicht plastisch, etwa in der Form von *Russisch Brot* (einem Keks in Buchstabenform). Kinder sehen den Buchstaben oft auf ihrem Lieblingstier oder Spielzeug.

Nutzen Sie alle Erkenntnisse dieser Übung und schauen Sie sich jetzt den Buchstaben innerlich so an, wie Sie ihn am klarsten sehen können, zum Beispiel einen Meter vor sich, 10 cm groß, in Druckschrift, blau auf weiß. Merken Sie sich die Form, in der Sie den Buchstaben am deutlichsten sehen. Sie können diese Form jederzeit verändern, wenn Ihnen etwas anderes besser gefällt.

Als Nächstes schauen Sie die folgenden kurzen Wörter mit zwei Buchstaben innerlich an:

am, im, zu, er, wo, in, ja, ab, es, ob, um, Ei, an, so.

Betrachten Sie die folgenden Wörter mit drei Buchstaben innerlich:

mit, ein, wie, wer, oft, und, hin, auf, ihr, der, die, das, Tag, ich, hat, Uhr, Zug.

Schauen Sie die folgenden Wörter mit vier Buchstaben an. Überprüfen Sie, ob Sie die Wörter wirklich innerlich sehen, indem Sie die Wörter rückwärts buchstabieren, also bei dem Wort *Haus:* „S, U, A, H." Man kann Wörter nur rückwärts buchstabieren, wenn man sie sieht. Probieren Sie aus, die folgenden Wörter innerlich zu sehen und rückwärts zu buchstabieren:

Buch, Hund, Brot, Name, Wort, Jahr, Holz, Tier, Mann, Frau, Kind, Bild, Bank.

Schauen Sie sich die folgenden Wörter mit fünf Buchstaben innerlich an und buchstabieren Sie sie rückwärts:

bauen, werden, sagen, Kunst, lesen, stark, leise, Katze, hören, leben, Milch.

Schauen Sie sich die folgenden Wörter mit sechs Buchstaben innerlich an und buchstabieren Sie sie rückwärts:

Stimme, Banane, Zucker, Mutter, Löffel, Treppe, Kaffee, Schere, Erfolg, Freude.

Schauen Sie sich die folgenden Wörter mit sieben Buchstaben innerlich an und buchstabieren Sie sie rückwärts:

Glauben, Flasche, Telefon, Vortrag, Konzert.

Wie ging es Ihnen bei dieser Übung? Welche Wörter haben Sie noch deutlich gesehen, bis vier, fünf oder sechs Buchstaben? Selbst wenn Sie nur einen Buchstaben innerlich sehen können, haben Sie den Hauptschritt dieser Übung geschafft, haben Sie 90 % dieser Übung erfolgreich bestanden. Wenn man einen Buchstaben innerlich sehen kann, ist es verhältnismäßig einfach, in kleinen Schritten weiterzugehen, bis man Wörter mit zwei, drei, vier Buchstaben sehen kann. Wenn Sie diese Übung jeden Tag fünf Minuten machen und in kleinen Schritten Ihre Grenzen ausweiten, werden Sie sich wundern, wie viele Informationen Sie nach einem Jahr auf Ihrem inneren Bildschirm erkennen und abschreiben können. Sie können deutsche und englische Wörter sehen, physikalische, chemische und mathematische Formeln, Landkarten, Baupläne und elektrische Schaltpläne. Chemiker können ein Molekül dreidimensional sehen. Die Möglichkeiten, die sich aus dieser Übung ergeben, sind unbegrenzt. Wie wäre es, wenn Sie sich jeden Tag 5 Minuten nehmen, um spielerisch mit dieser Übung zu experimentieren? Sie können die Zeit nutzen, in der Sie auf den Bus warten.

Noch einmal kurz zurück zum Thema Rechtschreibung. Menschen, die gut in Rechtschreibung sind, sehen meist die richtige Schreibweise vor sich. Wenn etwas falsch geschrieben ist, fühlen sie sich unwohl und vergleichen die Schreibweise mit dem inneren Schriftbild. Wenn man die obige Übung ein paar Mal gemacht hat, braucht man nicht mehr die richtige Schreibweise jedes einzelnen Wortes zu lernen. Am besten verbessert man seine Rechtschreibung, indem man interessante Bücher liest und regelmäßig die obige Übung macht.

Legasthenie

Zum Thema Legasthenie, der so genannten Lese-Rechtschreibschwäche, empfehle ich das faszinierende Buch *Legasthenie als Talentsignal* von *Ronald D. Davis*.

14.6 Geschichte

Das Lernen von Geschichte kann man lebendiger gestalten, indem man sich mit dem geschichtlichen Hintergrund beschäftigt. Man kann Filme anschauen, Museen besuchen, geschichtliche Fachbücher und historische Romane lesen, um mehr über eine geschichtliche Epoche zu erfahren. Damit gibt man den nackten Fakten und Daten „Fleisch", sie werden lebendiger, anschaulicher. Die reinen Daten kann man lernen, indem man sie auf Band spricht und das Band immer wieder nebenher anhört. Man hat mehr davon, wenn man diese Daten mit einem Verständnis verbindet über die historischen Zusammenhänge. Zur neueren deutschen Geschichte kann man die Bücher von *Sebastian Haffner* lesen (*Anmerkungen zu Hitler*). Es ist interessant, sich widersprechende Bücher zu einem Thema zu lesen. Zur Russischen Revolution kann man die Autobiographien der Kontrahenten *Leon Trotzki* und *Kerenski* lesen. Es ist günstig, verschiedene Perspektiven einnehmen zu können, sich in verschiedene Menschen und Weltanschauungen hineindenken zu können.

„Ich sag's zum letzten Mal, Rex! ... Man kaut nicht mit GESCHLOSSENEM Mund!"

Gute Bücher lesen

Ich empfehle, gute Bücher aus den verschiedensten Fachgebieten zu lesen. Ich nenne ein paar Bücher, die mir gefallen: Die Bücher des Psychiaters *Oliver Sacks* sind mit Herz und Verstand, verständlich und amüsant geschrieben, ohne dass er sich über seine Patienten lustig macht. Und seine Geschichten haben meist einen philosophischen Hintergrund. Aus dem Bereich der neuen Physik fand ich folgende Bücher interessant: *Gary Zukav: Die tanzenden Wu-Li Meister* und *Fritjof Capra: Das Tao der Physik*. Aus dem Bereich Biochemie das Buch *Die Doppel-Helix*. In diesem Buch beschreibt der Nobelpreisträger *James D. Watson* seine Entdeckung der DNS, der Struktur der Erbinformation. Aus der Finanzwelt die Bücher von *André Kostolany*. Es ist das reine Vergnügen, seine Anekdoten zu lesen.

14.7 Mathematik

Manche Schüler haben Probleme im Fach Mathematik, weil sie die Grundlagen nicht verstanden haben. Einige rechnen mechanisch 0,5 x 2,7, wissen aber nicht, was 0,5 in der Realität bedeutet. Bei ungewöhnlichen Aufgaben wie 0,3 mal 1 haben sie dann Schwierigkeiten. Bei Mathematik ist es (im Gegensatz zum Lernen von Fremdsprachen) unerlässlich, dass man die Grundlagen verstanden hat, dass man weiß, was die einzelnen Regeln in der Praxis bedeuten und dass man sich dieses Wissen immer wieder möglichst anschaulich verdeutlicht. Negative Zahlen kann man durch Minusgrade anschaulich machen. Mathematische Formeln kann man lernen, indem man sie auf Tonband spricht und immer wieder nebenbei anhört. Viele Menschen können Formeln vor ihrem geistigen Auge sehen. Man kann das Rechnen erleichtern, indem man sich, wie im Kapitel über Rechtschreibung beschrieben, innerlich eine Tafel vorstellt, auf der die Aufgabe geschrieben steht und automatisch die richtige Lösung erscheint, also z. B. 7 x 8 = 56. Zusätzlich ist es günstig, sich die Bedeutung der Rechenregeln und der Rechenzeichen bildlich vorzustellen, z. B. die Bedeutung des Zeichens „+" mit folgender Zeichnung: OO + O = OOO.

So leid es mir tut, um das Üben kommt man wohl bei Mathematik nicht herum. Man kann das Üben interessanter machen, indem man komische Aufgaben löst.

Beim Studium der höheren Mathematik und der Atomphysik gibt es Bereiche, die man nicht mit Phänomenen der praktischen Erfahrung illustrieren kann. Die *Zeit* ist zum Beispiel ein Phänomen, das man nicht mit einem der fünf Sinne erleben kann. Man kann *Zeit* nicht hören, sehen oder riechen. Menschen behelfen sich, indem sie sich das Vergehen der Zeit räumlich vorstellen. Wenn Menschen von der Vergangenheit sprechen, deuten sie oft nach links hinten, wenn sie von der Zukunft sprechen, deuten sie nach rechts vorne. Man kann Phänomene, für die es keine erfahrbaren Beispiele im normalen Leben gibt, anschaulicher machen, indem man sie mit einer Farbe oder einem Ton kennzeichnet, sie kodiert. Die 4. Dimension kann man mit der Farbe Blau kennzeichnen. Sie können in der Liste der Feinunterscheidungen der Sinneskanäle in Kapitel 26.2 Ideen finden, wie Sie Phänomene, für die es keine Entsprechung im normalen Leben gibt, kodieren können. Man kann auch Metaphern suchen, die ähnliche Phänomene beschreiben. In dem Buch *Die tanzenden Wu Li Meister* von *Gary Zukav* über die *Neue Physik* kann man hier Anregungen finden.

Das exakte mathematische Rechnen scheint auf einer sprachlichen Ebene abzulaufen, mögliche Ergebnisse erahnen wir intuitiv in Form von räumlichem Erleben. Einstein sah bestimmte Erkenntnisse intuitiv vor sich und belegte sie dann in langer, mühsamer Rechenarbeit.

14.8 Chemie

Für das Studium der Chemie ist es günstig, wenn man sich ein Molekül dreidimensional und in vielen Farben vorstellt, wenn man mit der inneren Kamera um ein Molekül herumwandert und ins Innere des Moleküls eintaucht.

14.9 Sport

Sportarten kann man lernen, indem man von einem Modell lernt (Kapitel 12). Manchmal hilft es auch, so zu tun, als ob man eine Sportart gut beherrscht (Kapitel 12). In Kapitel 24 stelle ich die Technik des *Ankerns* vor, mit der man sich Momente, in denen man sportliche Höchstleistungen erzielt hat, jederzeit wieder zugänglich machen kann. Man kann

Bewegungsabläufe erleichtern, indem man sie mit Tönen und Farben verbindet. Man kann Töne in der Realität oder nur in der Vorstellung machen.

„Einfach springen, du Idiot!…
Du brauchst nicht immer
‚Boiing, boiing, boiing!' zu rufen!"

Das Üben von immer wieder gleichen Bewegungsabläufen kann man interessanter gestalten, indem man bei jedem Durchgang seine Aufmerksamkeit auf einen anderen Aspekt richtet, auf die Atmung, den Rhythmus usw.

Viele Bewegungsabläufe kann man verbessern, indem man sie mit Rhythmus ausführt. Kletterer erleben ihren Sport oft wie einen Tanz. Traditionelle Kletterer nutzen die Metapher, einen Berg zu bezwingen. Moderne Kletterer nutzen die Metapher, mit dem Berg zu tanzen, sie verschmelzen mit der Wand, werden eins mit der Wand, schmiegen sich wie eine Schlange an die Wand. Erfolgreiche Sportler verschmelzen mit ihrem Gerät, sie werden eins mit ihrem Material, sie erleben die Ski als Teil ihres Körpers. Formel-Eins-Fahrer sagen, dass sie „mit dem Hintern fahren". Das heißt, sie erleben die Reifen als Teil ihres Körpers, sie spüren körperlich, ob sie gut auf der Straße haften und wann sie ins Schwimmen kommen. Reiter werden eins mit dem Pferd.

Oft verzerren Spitzensportler ihr Erleben in der Vorstellung, sie verändern ihr inneres Erleben. Tennisspieler erleben den Ball, der ihnen beim gegnerischen Aufschlag entgegenkommt, in der Vorstellung größer und langsamer als in der Realität. Auch Formel-Eins-Fahrer erleben die Zeit in kritischen Kurven langsamer und haben damit mehr Zeit, optimal zu reagieren. Formel-Eins-Fahrer sitzen ziemlich tief und haben damit keinen guten Überblick über das Renngeschehen. Spitzenfahrer stellen sich vor, dass ihre Augen zwei Meter über ihrem Wagen schweben. Erstaunlicherweise gewinnen sie damit wirklich mehr Übersicht.

Der russische Tänzer Nijinski sagte, dass er sich selbst beim Tanzen von außerhalb seines Körpers beobachtet und so seinen Körper dirigiert.

Zum Thema Sport und zum Lernen überhaupt empfehle ich das Buch *Tennis und Psyche* von *Timothy Gallwey*. Gallwey meint, dass es nicht so günstig ist, sich Mühe zu geben oder sich anzustrengen. Damit verkrampft man und verbraucht unnötig Energie. Wenig sinnvoll ist, sich beim Spielen Anweisungen zu geben oder sich zu kritisieren. Es hilft nicht, sich über verlorene Punkte zu ärgern oder sich Gedanken zu machen über den nächsten Punkt („Wenn ich diesen Breakball verliere, ist das Match verloren"). Günstiger ist es, beim Spielen im Hier und Jetzt zu sein. Statt sich Anweisungen zu geben, wie man spielen soll („Schlag härter auf!") kann man sich bildlich vorstellen, wohin genau der Ball fliegen soll und in welcher Flugbahn. Damit erreicht man sein Unbewusstes, da das Unbewusste in Bildern denkt. Man kann sich beim Training auch vorstellen, wie sich der gewünschte Schlag anfühlt.

Dann vertraut man seinem Körper und seinem Unbewussten, dass sie den gewünschten Schlag ausführen. Ohne sich weiter einzumischen, vertraut man den natürlichen Handlungs- und Lernprozessen des Körpers und des Unbewussten und lässt diese ihre Arbeit machen. Das Spiel ist so schnell und es sind gleichzeitig so viele Dinge zu berücksichtigen, dass der bewusste Verstand unmöglich alles koordinieren kann. Deshalb ist es sinnvoll, dem Körper und dem Unbewussten nur die Richtung vorzugeben, ihnen zu vertrauen und sie machen zu lassen. Man nimmt das eigene Spiel wahr, ohne es zu beurteilen, ohne es als gut oder als schlecht zu bewerten. Man nimmt sein Spiel so wahr, wie es ist. Man kann den Klang des Balls hören, die Bewegungen des Körpers fühlen und den Flug des Balls genau beobachten. Um beim Spielen nicht zu viel zu denken und damit die Arbeit des Körpers und des Unbewussten zu stören, kann man den Ball und das Muster seiner Nähte während des

Flugs beobachten. Während der Pausen zwischen den Spielen kann man auf den Atem achten und sich entspannen. Gallwey vergleicht das Vertrauen in die Weisheit des Körpers und des Unbewussten damit, dass man einen Samen wachsen lässt und nicht an dem Sprössling zerrt, damit er besser wächst. Fehler gehören für Gallwey zum natürlichen Entwicklungsprozess.

Gallwey erwähnt noch eine interessante Möglichkeit des Lernens, die dem *Lernen von einem Modell* ähnelt, das Lernen in einem *Rollenspiel*. Ich skizziere diese Methode kurz: Stellen Sie sich vor, ein Filmregisseur hat Sie für die Rolle eines Tennisstars ausgesucht. Die Kamera ist nur auf Sie gerichtet und es ist egal, wohin Sie den Ball spielen. Wichtig ist nur, dass Sie das Gehabe eines Spitzenspielers einnehmen, der ganz von sich und seinem Sieg überzeugt ist. Schlüpfen Sie in die Rolle eines Spitzenspielers hinein und erkunden Sie spielerisch die verschiedensten Spielertypen, den offensiven (angreifenden), den defensiven (verteidigenden), den kämpferischen, der unbedingt siegen will, und den gelassenen, der auch beim Matchball ruhig, wach und entspannt ist. Indem Sie diese Spielarten in einem Rollenspiel ausprobieren, können Sie Ihre Grenzen ausweiten, bisher verborgene Anteile Ihrer Persönlichkeit entdecken und mehr Wahlmöglichkeiten erwerben.

Gallwey empfiehlt, wenn man eine unerwünschte Gewohnheit beim Spielen ablegen will, nicht gegen dieses Verhalten anzukämpfen, sondern die Absicht hinter diesem Verhalten und Möglichkeiten zu finden, wie man diese Absicht besser erfüllen kann. Kleinkinder müssen sich nicht mühsam das Krabbeln abgewöhnen. Sie lassen es einfach bleiben, wenn sie durch Gehen besser vorankommen.

Als Motivation, als Antrieb fürs Spielen, empfiehlt Gallwey, bei jedem Ball sein Bestes zu geben. Man kann in einen Zustand kommen, in dem Spieler und Spiel, Körper und Geist eins werden. Man kann Schwierigkeiten als Herausforderungen nehmen, an denen man wachsen und von denen man lernen kann.

Einen Gedanken von Gallwey fand ich besonders interessant: „Der vollkommene Schlag ist bereits in uns und wartet nur darauf, entdeckt zu werden." Man lernt leichter, wenn man davon ausgeht, dass man etwas nur entdecken und nicht mühsam erschaffen muss. Vielleicht lernt man Englisch leichter, wenn man sich vorstellt, dass die Sprache schon in einem schlummert und nur erweckt oder wiedergefunden werden braucht.

14.10 Medizin

Es ist riskant, Krankheiten zu lernen, indem man sich vorstellt, die Krankheit zu haben. Man betrachtet Krankheiten besser von außen, indem man sich vorstellt, dass eine andere Person diese Krankheit hatte und wieder gesund geworden ist.

Darüber hinaus ist es für Menschen in heilenden und in sozialen Berufen wichtig, sich schützen zu können. Die Physikerin *Barbara Ann Brennan* beschreibt in Kapitel 15 ihres Buches *Licht-Heilung* verschiedene interessante Möglichkeiten, wie man sich vor Angriffen schützen kann.

14.11 Musik

Viele Musiker können nicht nur innerlich Musik hören, sie sehen auch innerlich Musik. Mozart hat Symphonien in *einem* Moment komponiert, in dem er sie vor sich sah, und hat dann die Musik in Noten niedergeschrieben. Mir wurde Musik in der Schule wie Mathematik beigebracht, ich musste die verschiedenen Tonarten auswendig lernen. Ich denke, es ist angenehmer und sinnvoller, über seinen Körper und den Rhythmus Zugang zur Musik zu finden. Wenn man an Füßen und Händen Rasseln befestigt und herumgeht oder tanzt, macht man schon Musik. Das Hören und Spielen von Musik wirkt sich übrigens günstig auf das Lernvermögen aus. Besonders stark wirkt Singen.

14.12 Aus Fehlern lernen

Was kann man tun, wenn man einen Fehler gemacht hat? Es bringt nichts, sich selbst zu beschimpfen. Auch ein guter Vorsatz, es das nächste Mal besser zu machen, hilft oft wenig. Bei Rauchern hält der gute Vorsatz oft nur bis zum 8. Januar. Sinnvoller ist, sich nach einem Fehler zu fragen, was man daraus lernen kann, welches Verhalten angemessener gewesen wäre, und sich vorzustellen, so zu handeln. Ein Beispiel: Es klingelt an der Tür. Ich gehe vor die Tür, um zu schauen, wer kommt. Die Tür fällt zu und ich stehe ohne Schlüssel vor der geschlossenen Tür. Was war der Fehler? Ohne Schlüssel aus der Wohnung zu treten. Welches Verhalten wäre günstiger gewesen? Den Schlüssel mitzunehmen. Was war der Auslöser für mein fehlerhaftes Verhalten? Die Suche nach dem Auslöser ist nicht immer einfach. Der Auslöser ist *der* Punkt, den das fehlerhafte Verhalten und das neue, sinnvollere erwünschte Verhalten gemeinsam haben.

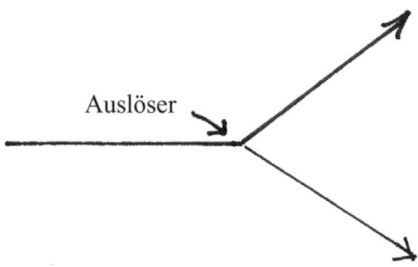

Wenn ich als Auslöser das Hören der Klingel nehme, kann es passieren, dass jemand an die Tür klopft und ich ohne Schlüssel vor die Tür trete. Günstiger ist, als Auslöser den Blick und den Griff zum Türgriff zu nehmen und mir vorzustellen, erst zum Schlüssel zu greifen und dann zum Türgriff. Wenn ich diese Abfolge ein paar Mal in der Vorstellung durchspiele, wird ein neues Nervenmuster geprägt. Wenn ich das neue Verhalten ein paar Mal in Realität durchspiele, entsteht eine Gewohnheit. Sie können gleich üben, wie man aus Fehlern lernen kann.

Übung: Aus Fehlern lernen

Zusammenfassung:
Gehen Sie jeden Abend die Ereignisse des Tages durch und fragen Sie sich, wann Sie lieber anders gehandelt hätten. Betrachten Sie das ungewünschte Verhalten von außen. Was war der Auslöser für das unerwünschte Verhalten? Wie hätten Sie angemessener reagieren können? Betrachten Sie verschiedene Alternativen von außen, wählen Sie die beste aus und erleben Sie diese mehrmals von innen.

Ausführlich:
○ Nehmen Sie sich 15 Minuten Zeit. Sorgen Sie dafür, dass Sie ungestört bleiben.

O Nehmen Sie etwas, das Sie getan haben und mit dem Sie unzufrieden sind. Nehmen Sie zum Üben etwas Nebensächliches.
O Sehen Sie ein anderes zukünftiges Selbst, das die neue Fähigkeit oder das neue Verhalten lernen wird. Sie können sich selbst in der Zukunft von außen sehen, wie Sie das neue Verhalten lernen.
O Überlegen Sie, wie Sie in dieser Situation sinnvoller handeln können. Betrachten Sie von außen einen Film, wie Ihr zukünftiges Selbst das neue erwünschte Verhalten leicht und erfolgreich durchführt.
O Überprüfen Sie, ob Sie mit dem neuen Verhalten ganz zufrieden sind. Könnte das neue Verhalten unerwünschte Nebenwirkungen auf Ihr Leben oder auf das Leben Ihres Umfeldes haben?
O Verbessern Sie in diesem Fall den Film des neuen erwünschten Verhaltens. Betrachten Sie noch einmal von außen den Film, wie das zukünftige Selbst das neue Verhalten leicht und erfolgreich ausführt.
O Machen Sie sich die Vorteile des neuen Verhaltens bewusst, mit all seinen positiven Folgen.
O Finden Sie den Auslöser, der das alte, unerwünschte beziehungsweise das neue, erwünschte Verhalten auslöst.
O Schlüpfen Sie in die Rolle des zukünftigen Selbst hinein. Sie können auch das zukünftige Selbst in sich hineinnehmen, es integrieren.
O Betrachten Sie nun den Film von innen, wie Sie nach dem Auslöser, der früher zu dem unerwünschten Verhalten führte, das neue, angemessene Verhalten leicht und erfolgreich ausführen. Sehen, hören und fühlen Sie das, was Sie erleben, wenn Sie das neue Verhalten anwenden. Wiederholen Sie dies mehrmals und immer schneller. Wenn nötig, können Sie den Film noch besser Ihren Anforderungen anpassen.

Sie werden es vielleicht nicht für möglich halten, welche Veränderungen es in Ihrem Leben geben wird, wenn Sie diese Übung jeden Abend 10 Minuten lang machen. Statt sich über Fehler zu ärgern, können Sie Fehler als Gelegenheiten, als Chancen zum Lernen nehmen. Wenn man so denkt, schöpft man aus Fehlern Kraft.

Zum Abschluss dieses Kapitels eine Anekdote:

Der Dativ

Ich unterrichte eine Gruppe von Aussiedlern aus Russland in Deutsch. Wir fahren zu einer Fortbildung nach Bonn. Im selben Bus fährt ein Kollege mit seiner Klasse mit. Mein Kollege setzt sich neben eine attraktive Aussiedlerin aus meinem Kurs. Er fragt sie, wie sie denn so im Unterricht zurechtkomme. Sie meint, dass es ganz gut gehe, nur der Unterschied zwischen dem Dativ und dem Akkusativ mache ihr manchmal noch Schwierigkeiten. „Das ist ganz einfach", sprach mein Kollege und erklärte ihr während der fünf Stunden Busfahrt den Unterschied zwischen dem Dativ und dem Akkusativ.

15. Lesen

Lesen ist eine wunderbare Möglichkeit zu lernen. Durch Bücher kann man von intelligenten und interessanten Menschen aus vielen Ländern und Jahrhunderten lernen. Bücher zu lesen ist im Gegensatz zu fernsehen kreativ, da man sich beim Lesen seinen eigenen inneren Film macht. Lesen ist eine ganzheitliche Art zu lernen, die beide Gehirnhälften einbezieht. Für Leseanfänger kann das Lesen von Comics ein guter Einstieg sein. Manchmal wird die Lesefähigkeit dadurch verbessert, dass man eine farbige Folie auf die Seite legt, die man gerade liest. Das Lesen von Fachbüchern kann man interessanter gestalten, indem man die wesentlichen Begriffe und Sätze mit farbigen Textmarkern unterstreicht. Vor dem Einschlafen kann man die angestrichenen Stellen überfliegen und sich so den Inhalt des Gelesenen zugänglich machen, damit er im Schlaf verarbeitet und gespeichert wird.

Lesen hat allerdings eine Schwäche. Wir können normalerweise nicht schneller lesen als sprechen.

Was geschieht eigentlich, wenn wir ein Wort lesen? Ich sehe die Buchstaben *Ei* und verwandle sie innerlich in den Laut *Ai*. Dann verbinde ich den Laut des Wortes mit der Bedeutung, das heißt, ich stelle mir ein Ei vor.

Buchstaben sehen $\rightarrow$	in Laute umwandeln $\rightarrow$	mit der Bedeutung verbinden
Ei lesen	den Klang *Ai* innerlich hören	innerlich ein Ei sehen

Beim normalen Lesen sprechen wir im Kopf mit, was wir lesen. Die Sprechgeschwindigkeit kann nur begrenzt erhöht werden. Unser Gehirn ist in der Lage, in der gleichen Zeit wesentlich mehr aufzunehmen und zu verarbeiten. Es gibt Schnell-Lese-Kurse, bei denen man lernt, zu lesen, ohne mitzusprechen. Dies erreicht man, indem man beim Lesen Kaugummi kaut. Zudem lernt man, nicht mehr bei jeder Zeile mit den Augen hin und her zu wandern, sondern immer größere Textpassagen mit *einem* Blick zu erfassen. Man liest Texte mit *einem* Blick von oben nach unten. Man übt dies, indem man in kleinen Schritten immer größere Textpassagen mit einem Blick erfasst. Ich illustriere das Grundprinzip dieser Kurse im Schnelldurchlauf:

an
mit
Haus
Raum
Erfolg
Telefon
Er ist da

Mit dieser Methode kann man lernen, etwa 3 bis 5 mal schneller zu lesen als beim normalen Lesen. Genauere Informationen dazu finden Sie in dem Buch von *Ernst Ott*. Unser Gehirn kann jedoch Informationen noch bedeutend schneller aufnehmen. Überlegen Sie nur, wie viele Informationen ein Tennisspieler während des Spiels im Gehirn verarbeitet.

PhotoReading nach Paul R. Scheele
Mit dem von *Paul R. Scheele* entwickelten *PhotoReading* kann man Bücher in Minuten lesen. Es lohnt sich, diese Technik genauer zu betrachten, selbst wenn man skeptisch ist und nicht mit dem *Photo-Reading* arbeiten will. Die Basis dieser Technik ist, dass unsere Augen in jedem Moment eine Unmenge an Informationen aufnehmen und auf unbewusster Ebene verarbeiten können. Das PhotoReading besteht aus fünf Schritten.
1. Einstimmung:
   Entspannen Sie und stimmen Sie sich auf das Buch ein. Überlegen Sie, was Sie mit der Lektüre erreichen wollen.
2. Überblick:
   Verschaffen Sie sich einen Überblick über das Buch, überfliegen Sie die Gliederung und finden Sie die Schlüsselworte im Text (hier die *5 Sinne* und die *Nervenverbindungen*).
3. Aufnehmen des Textes:
   Finden Sie einen Suggestionssatz, der Ihnen das Lernen erleichtert, wie:

„Ich kann das für mich Wichtige leicht behalten und es steht mir zur Verfügung, wenn ich es brauche." Kommen Sie in den Alphazustand.

Es gibt zwei verschiedene Arten zu schauen. Die eine Art ist ein fokussierter, enger, auf einen kleinen Ausschnitt des Blickfeldes konzentrierter Blick. Die andere Art ist ein peripherer, weiter Blick. Beim Autofahren ist es besser, mit einem weiten Blick zu schauen. Beim PhotoReading nutzt man auch den weiten Blick. So kann man viel mehr Informationen aufnehmen. Formel-Eins-Fahrer stellen sich vor, dass ihre Augen weiter oben liegen, damit sie einen besseren Überblick haben. Beim PhotoReading nutzt man eine ähnliche Methode. Man stellt sich vor, von einem Punkt an der Spitze des Hinterkopfes aus wahrzunehmen. Man stimmt sich auf diesen Punkt ein, indem man eine Mandarine darauf legt. Dann schaut man mit weitem Blick durch das Buch hindurch, blättert die Seiten um, etwa eine Seite pro Sekunde, und sagt dabei innerlich den Suggestionssatz vor sich her: *„Ich kann das für mich Wichtige leicht behalten und es steht mir zur Verfügung, wenn ich es brauche."*

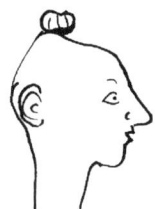

4. Aktivierung:
   Warten Sie ein paar Minuten ab, besser einen Tag. Aktivieren Sie das Gelernte, indem Sie sich dazu Fragen stellen. Überfliegen Sie den Text und tauchen Sie an den Stellen, die Sie anziehen, in den Text ein. Erstellen Sie eine Mindmap zu dem Text (siehe nächstes Kapitel).
5. Überfliegen Sie den Text ein letztes Mal.
   Das PhotoReading eignet sich besonders für Menschen wie Journalisten, die für ihren Beruf viel lesen müssen. Die meisten Menschen nutzen unbewusst diese Technik, wenn sie eine Zeitung überfliegen. Mehr Informationen finden Sie in dem Buch *PhotoReading* von *Paul R. Scheele*.

Zum Abschluss des Kapitels ein Witz:

Eine Hausfrau wartet auf den Klempner, der um vier Uhr kommen wollte. Als der Klempner um fünf Uhr immer noch nicht gekommen ist, geht die Hausfrau zum Einkaufen. Kaum ist sie um die Ecke gebogen, da kommt auch schon der Klempner. Der Klempner klopft an die Tür, von innen ruft der Papagei: „Wer ist denn das?" – „Der Klempner!" Der Papagei fragt immer wieder: „Wer ist denn das?" und der Klempner ruft immer verzweifelter: „Der Klempner!"

Als die Hausfrau nach einer Stunde vom Einkaufen zurückkommt, findet sie vor der Tür den völlig verausgabten Klempner liegen und ruft: „Wer ist denn das?"

Der Papagei antwortet prompt: „Der Klempner!"

16. Verständlich und lebendig schreiben

Wir untersuchen in diesem Kapitel, wie man verständlich und lebendig schreiben kann. Die Themen Schreiben und Lernen hängen eng zusammen. Ein Hinweis: In der Welt der Akademiker wird eine besondere Art zu schreiben verlangt. Akademiker können lernen, zusätzlich zur akademischen Sprache noch *verständlich* zu sprechen und zu schreiben. Wenn Gebrauchsanweisungen, Lehrbücher usw. verständlich geschrieben wären, könnte unsere Wirtschaft und Gesellschaft bedeutend besser dastehen. Wie schreibt man einen Artikel oder ein Fachbuch? Zuerst sammelt man Ideen.

Ideen sammeln
   Wie findet man neue Ideen? Um dies zu untersuchen, möchte ich Sie bitten, möglichst viele Ideen aufzuschreiben, wie man zu Geld kommen kann.
   Möglichkeiten, zu Geld zu kommen:

....

....

   Haben Sie auch Ideen notiert wie *eine Bank überfallen* oder *betteln*? Viele Menschen zensieren ihre Ideen schon beim Sammeln der Ideen. Ich unterscheide zwei Phasen: Die Phase des wertungsfreien Sammelns und die Phase der Bewertung der Ideen. Wenn man sich schon in der ersten Phase überlegt, ob die Ideen legal, moralisch oder realistisch sind, würgt man die Phantasie ab. Viele an sich unrealistische Ideen führen zu brauchbaren Ideen. Die Idee Banküberfall kann zu der Idee führen, eine Bank zu gründen. Viele bahnbrechenden Erfindungen wurden ursprünglich nicht für den Bereich erdacht, in dem sie später verwirklicht wurden. Das Telefon war ursprünglich als Hörhilfe gedacht. Ideen sammelt man am besten, indem man seiner Phantasie freien Lauf lässt. Man nennt dies *Brainstorming*, einen Sturm im Gehirn entfachen. Nehmen Sie nun ein leeres Blatt Papier und notieren Sie möglichst viele Dinge, die man für ein Picknick braucht.

Die meisten Menschen notieren sich ihre Ideen in der Form:

Wurst, Cola, Teller

Oder in der Form:

Wurst

Cola

Teller

Diese lineare Art des Notierens ist typisch für den rationalen Verstand und engt die Phantasie ein. Es ist günstiger, die Punkte ungeordnet auf einem Blatt im Querformat etwa so zu notieren:

	Gabel	
Wurst		Decken
Cola		Geld
	Bier	
Teller		Leute
Sonnenschirm		
	Lageplan	

Wenn man Ideen so notiert, fallen einem sofort neue Ideen ein, man erkennt Verbindungen zwischen den einzelnen Punkten. Bei Wurst fällt mir Käse, Butter und Honig ein, bei Cola Wasser, Saft und Wein. Mir fallen so bedeutend mehr Ideen ein. Wenn man ein Buch schreibt, kann man in Büchern und Zeitungsartikeln Ideen finden, die man nutzen kann.

Notieren Sie nun möglichst viele Ideen zu dem Thema, was man bei einem Umzug zu beachten hat. Verteilen Sie die Stichpunkte ungeordnet auf einem Blatt im Querformat.

Erstellen einer Gliederung

Was ist der nächste Schritt zu Ihrem Buch? Man fasst Stichpunkte, die zusammengehören, unter einem Oberbegriff zusammen. Man kann die Stichpunkte Hammer, Zange und Pinsel unter dem Begriff *Werkzeug* zusammenfassen. Finden Sie Oberbegriffe für die einzelnen Stichpunkte, die Sie notiert haben. Wenn Sie mehr als 5 Oberbegriffe gefunden haben, finden Sie übergeordnete Begriffe, unter denen sich diese Oberbegriffe zusammenfassen lassen. Günstig sind etwa 3 bis 5 Überbegriffe.

Überbegriffe zum Thema Umzug können sein: neue Wohnung einrichten, Transport, alte Wohnung auflösen, Ämter und Formalitäten, Planung.

Was ist der nächste Schritt zum Buch? Man bringt diese Überbegriffe in eine Reihenfolge, das heißt, man erstellt eine Grobgliederung. Eine mögliche Grobgliederung beim Thema Umzug ist:

1. Planung
2. Alte Wohnung auflösen
3. Transport
4. Neue Wohnung einrichten
5. Ämter und Formalitäten

An diesen Schritten scheitern die meisten Bücher und Doktorarbeiten. Viele Autoren verlieren in der Menge der Details den Überblick.

Was ist der nächste Schritt zum Buch? Man erstellt innerhalb der 5 Buchteile eine Feingliederung. Bei Teil 2 *Alte Wohnung auflösen* kann die Feingliederung so aussehen:

2.1. Wohnung leer räumen
2.2. Renovieren
2.3. Reinigen

Innerhalb dieser Feingliederung kann man noch feiner untergliedern, Punkt 2.2. *Renovieren* etwa so:

2.2.1. Tapezieren
2.2.2. Streichen
2.2.3. Böden und Teppiche

Die Erstellung einer Gliederung nach dieser Methode macht ungefähr 3/4 der Arbeit an einem Buch aus. An der Gliederung kann man sofort erkennen, ob alle wesentlichen Punkte berücksichtigt sind oder ob man sich in Details verloren hat. Eine Gliederung zum Thema Umzug könnte so aussehen:

Gliederung zum Thema Umzug:

1.0.   Planung
2.0.   Alte Wohnung auflösen
2.1.0. Wohnung leer räumen
2.1.1. Kartons, Decken, Säcke etc. besorgen
2.1.2. Kartons füllen
2.1.3. Kartons beschriften
2.1.4. Möbel in Einzelteile auseinander nehmen und verpacken
2.1.5. Alles raustragen
2.2.0. Renovieren
2.2.1. Tapezieren
2.2.2. Streichen
2.2.3. Böden und Teppiche
2.3.0. Reinigen
2.3.1. Fenster
2.3.2. Böden
2.3.3. Müll
2.4.   Schlüssel abgeben, Zählerstand, Briefkasten, Namensschilder
3.0.   Transport
3.1.   LKW mieten oder leihen
3.2.   Tragegurte, Decken usw. besorgen
3.3.   Helfer organisieren
3.4.   Getränke und Imbiss für die Helfer
3.5.   Tanken
3.6.   LKW abgeben
4.0.   Neue Wohnung einrichten
4.1.   Wohnung renovieren
4.2.   Wohnung reinigen
4.3.   Umzugsgut in der Wohnung verteilen
4.4.   Möbel aufstellen
5.0.   Ämter und Formalitäten
5.1.   Abmelden und anmelden
5.2.   Wasser und Strom
5.3.   Telefon
5.4.   Post, Nachsendeantrag, Briefkasten, Namensschild an die Haustür
5.5.   Neue Adresse an Freunde, Geschäftspartner, Bank usw.

Mindmap Umzug:

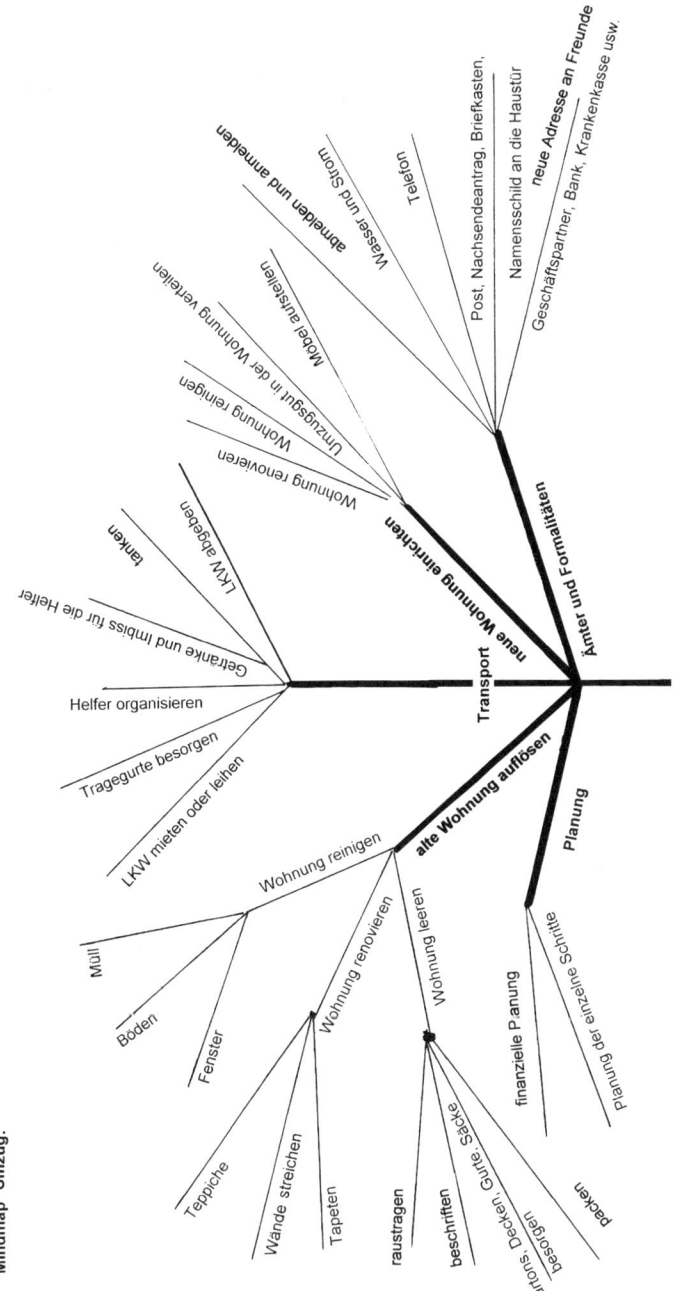

Man kann die Gliederung in Form eines Baumschemas darstellen. Diese so genannte *Mindmap* (nach *Tony Buzan*) gibt einen Überblick über ein Thema und ist ein effektives Werkzeug beim Schreiben und Lernen. Mindmaps sind so effektiv, weil ihre Struktur dem Aufbau unseres Gehirns mit seinen vielen Nervenverbindungen und Verästelungen nachempfunden ist. Auf Seite 139 ist ein Beispiel für eine Mindmap.

Noch effektiver fürs Lernen sind Mindmaps, die anstelle von Wörtern Bilder zeigen. Hier folgt eine Bild-Mindmap zu der Grobgliederung des Themas Umzug (Planung, alte Wohnung auflösen, Transport, neue Wohnung einrichten, Ämter und Formalitäten).

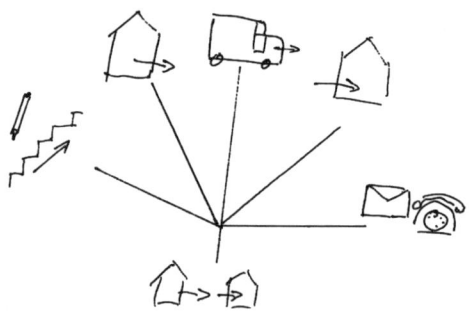

In Kapitel 26.3 finden Sie eine Mindmap zum Thema *Lernen lernen*.

Es ist günstig, wenn man außer der Gliederung vor dem Beginn des Schreibens eine Grundthese hat, einen roten Faden, der das Buch durchzieht, wenn man weiß, was man in dem Buch dem Leser hauptsächlich mitteilen will. In diesem Buch ist *eine* Hauptthese, dass Lernen mit Spaß effektiver ist.

Ideen zum Schreiben selbst

Wenn Gliederung und Feingliederung fertig sind, wie beginnt man mit dem Schreiben selbst? Viele sitzen stundenlang an einer Formulierung und bekommen nichts aufs Papier. Ich habe mit folgender Methode gute Erfahrungen gemacht. Ich öffne auf meinem PC zwei untereinander liegende Fenster mit einem Schreibprogramm, zum Beispiel *Word for Windows*. In dem oberen Fenster erstelle ich eine Datei mit den Stichpunkten eines Kapitels in der gewünschten Reihenfolge. In dem unteren Fenster öffne ich eine Datei, in die ich den Text des Kapitels schreibe.

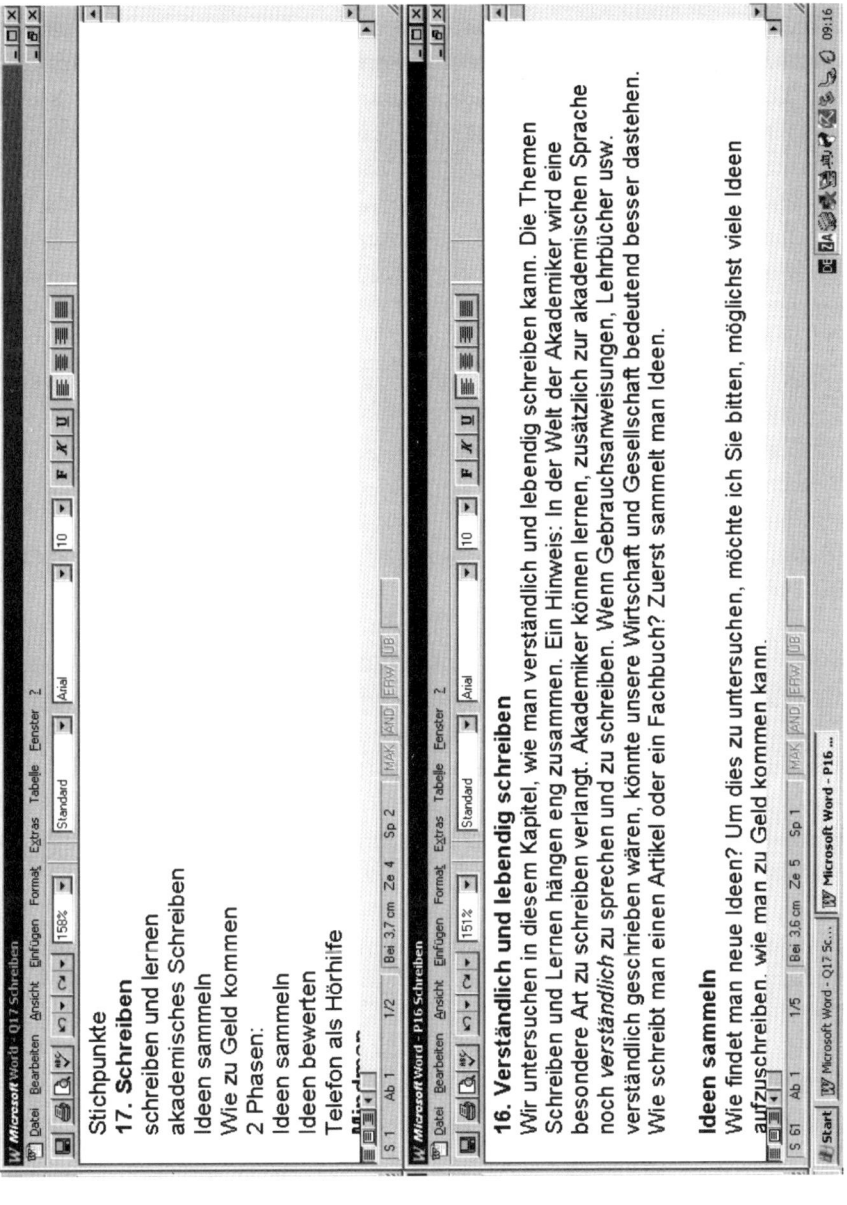

Stichpunkte

17. Schreiben

schreiben und lernen

akademisches Schreiben

Ideen sammeln

Wie zu Geld kommen

2 Phasen:

Ideen sammeln

Ideen bewerten

Telefon als Hörhilfe

16. Verständlich und lebendig schreiben

Wir untersuchen in diesem Kapitel, wie man verständlich und lebendig schreiben kann. Die Themen Schreiben und Lernen hängen eng zusammen. Ein Hinweis: In der Welt der Akademiker wird eine besondere Art zu schreiben verlangt. Akademiker können lernen, zusätzlich zur akademischen Sprache noch *verständlich* zu sprechen und zu schreiben. Wenn Gebrauchsanweisungen, Lehrbücher usw. verständlich geschrieben wären, könnte unsere Wirtschaft und Gesellschaft bedeutend besser dastehen. Wie schreibt man einen Artikel oder ein Fachbuch? Zuerst sammelt man Ideen.

Ideen sammeln

Wie findet man neue Ideen? Um dies zu untersuchen, möchte ich Sie bitten, möglichst viele Ideen aufzuschreiben. wie man zu Geld kommen kann.

Ich schreibe so schnell wie möglich, ohne mir Gedanken über den Stil zu machen, das heißt, ich schreibe, als würde ich mit einem Freund reden. Je weniger ich über den Stil nachdenke, desto besser schreibe ich. Wenn mir ein Wort nicht einfällt, lasse ich eine Lücke. Man kann das, was man schreiben will, auch auf Tonband sprechen und dann abschreiben. Diese erste Fassung überarbeite ich immer wieder. Zwischen den Überarbeitungen beschäftigt sich das Unbewusste weiter mit dem Text. Bei jeder Überarbeitung fallen mir Korrekturen ein. Beim Überarbeiten überlege ich: Kann man sich Bilder zu dem Text machen? Ich begebe mich in die Position eines Lesers, der noch nie von dem Thema gehört hat, und überlege, ob dieser den Text verstehen kann. Ich schreibe möglichst kurze Sätze. Kurze Sätze kann man leichter verstehen. Ich vermeide, wenn möglich, Verneinungen, die sind schwer zu verstehen (bei diesem Satz habe ich eine Ausnahme gemacht). Verstehen Sie den folgenden Satz: „Um die Vernachlässigung der Verleugnung der fehlenden Negierung nicht zu ignorieren"? Genauso vermeide ich Passivkonstruktionen. Der Satz „Mein Auto wird gewaschen" ist schwerer zu verstehen als der Satz „Ich wasche mein Auto." Man kann sich zu dem zweiten Satz ein klareres Bild machen.

Ich benutze möglichst viele Verben (ich schreibe) und möglichst wenig Verdinglichungen (Wenn man etwas, das man tut, so behandelt, als wäre es ein Gegenstand *„Es gibt halt so viel Gesaufe"*). Ich habe in einem psychologischen Fachbuch die folgende Serie von Verdinglichungen gefunden: „Die Veränderung der Realisierung der Verhaltens-*absicht*." Wenn ich das lese, entsteht bei mir nur Nebel im Gehirn. Wenn man mit vielen Verben schreibt, wird der Text lebendig. Hilfsverben wie „ist" und „haben", und Verben wie „tun" und „machen" vermeide ich möglichst. Sie sind blass, man kann sich schwer ein Bild dazu machen. Ich frage mich bei jedem Satz: Kann ich den Inhalt einfacher, klarer und kürzer ausdrücken? Ich frage mich bei jedem Wort: Wenn ich das Wort streiche, kommt der Inhalt trotzdem rüber? So streiche ich Adjektive wie „gut" oder Adverbien wie „sehr". Es reicht zu schreiben, „Dies ist hilfreich", der Satz „Dies ist *sehr* hilfreich" gibt keine wesentliche zusätzliche Information. Wenn ich etwas Theoretisches schreibe, gebe ich ein praktisches Beispiel, das den Satz illustriert. Günstig ist es, das Geschriebene mit kleinen Geschichten und Metaphern zu illustrieren, damit erreicht man beide Gehirnhälften und das Unbewusste. Das Wort „muss" vermeide ich, es schafft Druck und Widerstand.

Diese Art zu schreiben nutzt beide Gehirnhälften, den Verstand und die Intuition. Es gibt allerdings auch Menschen, die am liebsten mit Stift auf Papier schreiben.

Es hat allerdings einen „Nachteil", wenn man klar und verständlich schreibt: Man kann nicht mehr hinter einer Nebelwand von unverständlichen Fremdwörtern und komplizierten Satzkonstruktionen verbergen, dass man selbst nicht verstanden hat, was man schreibt.

Frederic Vester bringt in seinem Buch *Denken, Lernen, Vergessen* ein schönes Beispiele für einen komplizierten Satz aus einem Physikbuch für die Mittelstufe: „Entscheidend für die Fernrohrwirkung ist die Umwandlung des Sehwinkelns ε in den Sehwinkel ε', also die Umwandlung der Neigung des parallelen Lichtbündels vor dem Instrument in die größere Neigung des (schmäleren) parallelen Lichtbündels hinter dem Instrument. Dies lässt sich auch erreichen, wenn man für L2 eine Zerstreuungslinse statt einer Sammellinse wählt und ebenfalls F1 gleich F2 macht. So ergibt sich das Opernglas." Frederic Vester sagt dazu: „Es klingt gelehrt. Der Erfolg: Dem Durchschnittsschüler bleibt für immer schleierhaft, wie sich das Opernglas ergeben soll." Frederic Vester bringt auch die Abschrift einer Tonbandaufnahme eines Deutschunterrichts: „...und zwar im Präsens beziehungsweise Perfekt, da ja der Konjunktiv Perfekt mit den Hilfszeitwörtern *sein* und *haben* im Imperfekt gebildet wird, ganz gleich, ob diese indirekte Rede im Präsens oder im Präteritum steht – also, bei der Anwendung des Modus in der deutschen indirekten Rede gilt es als Grundregel: Es steht immer der Konjunktiv Präsens, ganz gleich, ob ..."

Ich liebe *Karl Valentin*, der Folgendes schrieb:

„Es freut mich ungemein, dass Sie, wie Sie, wenn Sie hätten, widrigenfalls ohne direkt, oder besser gesagt, inwiefern, nachdem naturgemäß es ganz gleichwertig erscheint, ob so oder so, im Falle es könnte oder es ist, wie erklärlicherweise in Anbetracht oder vielmehr, warum es so gekommen sein kann oder muss, so ist kurz gesagt kein Beweis vorhanden, dass es selbstverständlich erscheint, ohne jedoch darauf zurückzukommen, in welcher zur Zeit ein oder mehrere in unabsehbarer Weise sich selbst ab und zu zur Erleichterung beitragen werden, ohnedem es wie ja unmöglich erscheint in bis jetzt noch nie, in dieser Art wiederzugebender Weise, ein einigermaßen in sich selbst, angrenzend der Verhältnisse, die Sie, wie Sie, ob Sie gegen sie oder für sie nutzbringend in sich selbst von vorne als gänzlich ausgeschlossen erachtet werden wird und dass ohnehin einer ferngehaltenen Verschlimmerung ein, oder ein in irgendeinen einigermaßen einzig verschwiegen ist."

17. Einzelne Lerntipps

Wir betrachten in diesem Kapitel einzelne Tipps, die das Lernen effektiver machen können.

Abwechseln

Wenn man zu lange die gleiche Art von geistiger Tätigkeit ausführt, kann das Gehirn ermüden und das Lernen ineffektiv werden. Es ist günstig, beim Lernen jeweils nach einer Stunde die Art des Lernens zu wechseln. Man kann folgende Gebiete wechseln: die Lernfächer (von Mathematik zu Englisch), die Tätigkeit (von Schreiben zu Lesen), aktive und passive Phasen (von Schreiben zu Sprachkassetten hören), die rationale und emotionale Gehirnhälfte (von Chemie zu Musik), die Sinneskanäle (von Landkarten an*schauen* zu Sprachkassetten *hören*), von bewusstem zu unbewusstem Lernen (von Physik zu nebenher Sprachkassetten hören) und von geistiger zu körperlicher beziehungsweise handwerklicher Arbeit.

Informationen auf Tiere oder Menschen übertragen

Man kann das Lernen von Informationen über Maschinen lebendiger und interessanter gestalten, indem man sich die Maschinen als Tiere vorstellt. Wenn man lernen will, wie viel Liter Luft ein Staubsauger in der Minute ansaugt, kann man sich den Staubsauger als ein Krokodil vorstellen, das 1000 Liter Wasser in der Minute säuft. Das soziale Leben der Ameisen kann man mit Staaten vergleichen. Meteorologen geben Wirbelstürmen Vornamen, um sie besser zu unterscheiden.

Eselsbrücken

Oft wird empfohlen, mit Hilfe von Eselsbrücken zu lernen. Ein Beispiel für eine Eselsbrücke: Ich will mir merken, dass *Baum* auf Englisch *tree* heißt. Ich kann die Eselsbrücke nehmen, dass die Teilnehmer bei einem *Tri*athlon an vielen Bäumen vorbeikommen. Eine Eselsbrücke verbindet die Informationen Baum und tree:

Baum —— Tri athlon —— tree

Das Finden einer Eselsbrücke ist *eine* Möglichkeit, sich Dinge zu merken. Ich finde es günstiger, die beiden Begriffe direkt zu verbinden. Wozu ein Umweg, wenn ich den direkten Weg nehmen kann? Ich stelle mir das Wort *tree* auf einem Baum geschrieben vor.

Verzerren

Wir erleichtern uns das Lernen, wenn wir Informationen in der Vorstellung ungewohnt, komisch, übergroß machen, sie vom Hintergrund abheben, wenn wir sie verzerren. Karikaturen von berühmten Persönlichkeiten kann man leichter erkennen und sich leichter merken als Photos. Zeichnungen von Pflanzen sind zum Lernen besser geeignet als Photos. Oft sind *die* Unterschiede, an Hand derer man einzelne Pflanzen unterscheiden kann, auf Photos schwer zu erkennen. Bei Zeichnungen kann man die entscheidenden Unterschiede hervorheben, vergrößern, farblich abheben. Archäologen zeichnen ihre Fundstücke, weil sich mit Zeichnungen Details wie Reste von Schriftzeichen besser darstellen lassen als mit Photos.

Unser Wahrnehmungssystem kann Unterschiede und Veränderungen besonders gut wahrnehmen und behalten. Wenn wir etwas in der Vorstellung vergrößern oder übertreiben, bekommt es eine größere Bedeutung und ist leichter zu merken. Der Körpertherapeut *Moshé Feldenkrais* stellte sich seine Patienten riesengroß und durchsichtig vor. Die Muskeln, Knochen und Nerven sah er in verschiedenen Farben. Der russische Schriftsteller *Solschenizyn* lernte im Lager ganze Romane auswendig, indem er sie in einer etwas ungewohnten Art im Kopf „schrieb". Grammatikfehler kann man sich oft besonders gut merken, zum Beispiel in dem Satz von *Wilhelm Busch*: „Bescheidenheit ist eine Zier, doch besser lebt sich ohne *ihr.*"

Stricken

Vielen fällt das Lernen leichter, wenn sie beim Lernen einen Schal stricken. Ich habe eine Vermutung, warum Stricken das Lernen unterstützt. Die Tätigkeit des Strickens ähnelt den Vorgängen in unserem Gehirn beim Lernen. Beim Lernen entstehen neue Nervenverbindungen, Nerven werden miteinander verknüpft, es entstehen Netzwerke von Nervenverbindungen. Die Tätigkeit des Strickens unterstützt wie eine Metapher das Gehirn beim Verknüpfen von Nervenzellen.

Überschneidungen von Sinneskanälen nutzen (Synästhesien)

Man kann sich Zahlen merken, indem man sie mit Farben oder Tönen verbindet. Es gibt Menschen, die Informationen nicht nur in den üblichen Sinneskanälen wahrnehmen, sondern sie gleichzeitig in anderen Sinneskanälen erleben. Man bezeichnet eine solche Überschneidung von Sinneskanälen als *Synästhesie*. *Synästhetiker* können eine Farbe nicht nur sehen, sondern auch hören, fühlen, schmecken und riechen. Viele Synästhesien erscheinen bizarr. So beschreibt ein Synästhetiker seine Wahrnehmung eines Tones so: „Er sieht so ähnlich aus wie ein Feuerwerk mit einer rosaroten Färbung. Der Farbstreifen fühlt sich rau und unangenehm an und hat einen ekligen Geschmack – so ziemlich wie salziger Pökel … man kann sich die Hand daran verletzen." Viele Gedächtniskünstler nutzen Synästhesien, um sich Informationen besser zu merken. Es gibt die Theorie, dass sich alle Menschen auf der unbewussten Ebene Informationen mit Hilfe von Synästhesien merken. Mehr zu diesem Thema können Sie in dem Buch *Farben hören, Töne schmecken* von *Richard E. Cytowic* erfahren.

Anfangsbuchstaben

Man kann sich eine Reihe von Begriffen merken, wenn man die Anfangsbuchstaben der Begriffe zu einem Wort zusammenfasst. Die Anregung für Autoren, kurz und simpel zu schreiben, kann man sich mit der KUSS-Formel merken.

KUSS = *K*urz *u*nd *s*impel (einfach) *s*chreiben

Die Reihenfolge der Planeten, angefangen mit dem der Sonne am nächsten liegenden Planeten, kann man sich mit dem Satz merken:

Mein Vater Erklärt Mir Jeden Sonntag Unsere Neun Planeten =
Merkur Venus Erde Mars Jupiter Saturn Uranus Neptun Pluto.

Versuchen, etwas absichtlich zu vergessen

Komischerweise behalten wir oft etwas besonders gut im Gedächtnis, wenn wir versuchen, es zu vergessen. Zwang führt häufig zu einer gegenläufigen Reaktion. Wenn man einem Kind sagt, dass es Spinat essen muss, sträubt sich das Kind. Günstiger ist zu sagen: „Der Spinat ist so teuer, du darfst höchstens einen Löffel nehmen!" Manche nutzen diesen Effekt und prägen sich einen Lernstoff ein, indem sie versuchen, ihn zu vergessen.

Zum Abschluss dieses Kapitels eine Anekdote

Russisch

Das hätte ich nie für möglich gehalten: Das Schicksal hatte mich, den eingefleischten Münchner, nach Hannover verschlagen, ins tiefste Preußen. Ich musste dort meine Referendarzeit als Russischlehrer hinter mich bringen. Bei meinem ersten eigenen Unterricht erklärte ich zuerst die neuen Vokabeln und las dann den Text aus dem Lehrbuch in meinem schönsten Russisch vor.

Erwartungsvoll schaute ich in die Runde und fragte: „Habt ihr auch alles verstanden?" Nach einer Weile meldete sich schließlich ein Schüler: „Ich habe eine Frage … kommen Sie aus Bayern?"

18. Arbeitstechniken

Eine gute Arbeitsorganisation erleichtert das Lernen. Betrachten wir zuerst, welche Materialien wie Aktenordner die Arbeit um den Schreibtisch erleichtern können.

Materialien zur Organisation
Hängeordner

Mein wichtigstes Hilfsmittel bei der Ablage von Papieren sind Hängeordner mit verschiebbaren Schildchen. Mit seitlich versetzten Schildchen hat man einen guten Überblick über die Ordner. Wenn ich mir nicht sicher bin, in welchen Ordner ich ein Dokument einordnen soll, überlege ich, wo ich es in einem Jahr zuerst suchen werde. Wenn ich keinen Ordner finde, in den ich das Dokument einordnen kann, nehme ich einen neuen Ordner. Nicht so günstig sind Ordner mit der Bezeichnung *Sonstiges* oder *Verschiedenes*. Diese Ordner werden sehr schnell übervoll. Einmal im Jahr gehe ich die Ordner durch und sortiere Dinge, die ich nicht mehr brauche, aus.

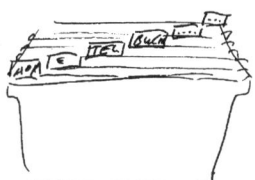

Aktenordner

Aktenordner kann man gut transportieren und man kann Dokumente in einer festen Reihenfolge einordnen. Man kann Ordner in verschiedenen Farben kaufen, um sich das Suchen zu erleichtern.

Stapelbare Briefkörbe

Für Papiere, die man immer wieder entnehmen will, wie Formulare, sind stapelbare Briefkörbe geeignet. Sie sind auch als Ein- und Ausgangskörbe für Briefe zu verwenden.

Schubladen
Schubladen sind als Ablage problematisch. In Schubladen kann man Wichtiges vergessen.

Prospektständer für aktuelle Projekte
Um aktuelle Projekte nicht aus den Augen zu verlieren, kann man sie in Prospektständer an der Wand einordnen.

Sichtfolien
Wichtige Papiere wie Geburtsurkunden kann man in Sichtfolien stecken.

Dateien auf dem Computer
Dateien auf meinem PC ordne ich nach dem Baumschema. In Kapitel 16 habe ich beim Thema Mindmap das Prinzip des Baumschemas erklärt. Ein Beispiel eines Baumschemas der Daten im PC:

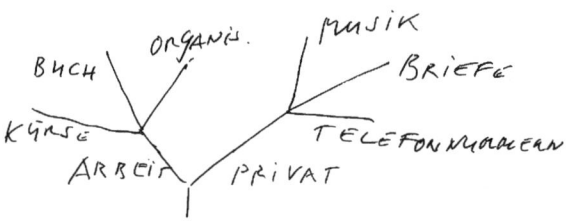

Pinwand

Aktuelle Informationen wie das Kinoprogramm kann man an eine Pinwand heften.

Grundsätzliche Ideen zur Arbeitsorganisation

Hier ein paar Ideen, die die Arbeit am Schreibtisch erleichtern können. Es sind Anregungen, einzelne Ideen widersprechen sich scheinbar, mal kann die eine Idee günstig sein, mal die andere.

❍ Nehmen Sie jeden Vorgang möglichst nur einmal in die Hand.

❍ Halten Sie die Zahl der noch nicht abgeschlossenen Projekte möglichst gering. Wenn man ein Projekt abgeschlossen hat, kann man sich mit voller Energie einem neuen Projekt widmen.

❍ Unangenehme, aber wichtige Angelegenheiten erledigt man am besten sofort. Sonst belasten sie.

❍ Fassen Sie ähnliche Arbeitsschritte zusammen, z. B. mehrere Briefe hintereinander schreiben.

❍ Erstellen Sie jeden Tag eine Liste des zu Erledigenden und ordnen Sie die einzelnen Punkte nach Prioritäten. Neben Tagesplänen sind Wochenpläne gute Mittel zur Planung. Erledigen Sie einen Punkt nach dem anderen und schaffen Sie so Erfolgserlebnisse.

❍ Nach welchen Kriterien kann man Prioritäten setzen? Aufgaben lassen sich vier verschiedenen Kategorien zuordnen. Aufgaben der Kategorie A sind wichtig und dringend. Aufgaben der Kategorie B sind unwichtig und dringend. Aufgaben der Kategorie C sind wichtig, aber nicht dringend, Aufgaben der Kategorie D sind unwichtig und nicht dringend. Ich erkläre, was mit dringend gemeint ist: Dringende Aufgaben sind mit Druck verbunden, oft von außen, zum Beispiel ein Anruf.

	wichtig	unwichtig
dringend	A	B
nicht dringend	C	D

Welchen Aufgaben widmen Sie sich zuerst, was machen Sie als Nächstes? Weniger erfolgreiche Menschen widmen sich zuerst den Aufgaben der Kategorie A und B, sie erledigen alles, was dringend ist. Erfolgreiche Menschen widmen sich nur den Aufgaben der Kategorie A und C, sie beschäftigen sich nur mit wichtigen Aufgaben. Sie widmen sich auch Aufgaben der Kategorie C, Dingen die wichtig sind, aber nicht dringend. Dazu gehören Fitness, Erholung, Gesundheit, Beziehungen, Ordnung und Lernen. Wenn man eine Woche nichts für seine Fitness tut, hat dies meist keine sofortigen negativen Auswirkungen. Langfristig kann es sich rächen. Viele Politiker und Firmen sparen am falschen Ort. So ist es kurzsichtig gedacht, im Bereich Bildung zu sparen.

O Was hat die größte Wirkung, wenn Sie es machen oder es unterlassen? (etwa ein Arztbesuch)

O Was hat die größte Hebelwirkung? Wenn man 30 Jahre spart und die Zinsen nicht anrührt, sorgt der Hebeleffekt des Zinseszinses für immense Gewinne. Ein Buch zu schreiben, hat einen ähnlichen Hebeleffekt. Jedes gelesene Buch macht Werbung für sich selbst, für meine Kurse und meine Beratungen.

O Achten Sie weniger auf die verwendete Zeit, sondern auf die Effektivität, die Resultate.

O Es gibt einen erstaunlichen Effekt, den 20-zu-80-Prozent-Effekt. Ein paar Beispiele: 20 % der Arbeit erbringen 80 % der Resultate. 20 % der Produkte bringen 80 % des Umsatzes. Aber auch: 20 % der Kunden sorgen für 80 % der Probleme. Es ist günstig, die 20 % zu kennen, die die stärksten Auswirkungen haben.

O Entwickeln Sie nützliche Gewohnheiten wie jeden Tag eine halbe Stunde joggen und lernen.

O Führen Sie Buch über die täglichen Zeitbelastungen, suchen Sie Zeitfresser und lösen Sie sie auf.

O Erstellen Sie einen Zeitplan und kontrollieren Sie die Einhaltung.

O Finden Sie ein Team, das Sie unterstützt und motiviert.

O Machen Sie die Arbeit locker und mit Freude, spielerisch.

O Stellen Sie sicher, dass Sie nicht unterfordert und nicht überfordert sind.

O Erledigen Sie kreative Arbeit vormittags, routinemäßige Arbeit (wie Kopieren) nachmittags.

- Passen Sie, wenn möglich, die Arbeit der emotionalen Stimmung an.
- Werfen Sie unwichtige Papiere (Werbung) sofort weg.
- Lernen Sie, auch einmal Nein zu sagen. Unterbrechen Sie Schwätzer höflich und bestimmt.
- Reservieren Sie eine bestimmte Zeit für „Störungen" wie Anrufe oder Besuche.
- Lernen Sie, auch einmal um zu Hilfe bitten.
- Halten Sie Vorgänge möglichst einfach, beziehen Sie nicht mehr Personen mit ein als nötig.
- Verbeißen Sie sich nicht zwanghaft in Aktivitäten, nehmen Sie sich auch Zeit zum Nachdenken.
- Halten Sie den Schreibtisch möglichst frei.
- Legen Sie Dinge immer am selben Platz ab.
- Häufiger Benötigtes kann man näher am Schreibtisch, selten Gebrauchtes (alte Steuerbescheide) weiter weg stellen.
- Ablage nach dem Prinzip: Wo würden Sie es in einem Jahr am ehesten suchen??
- Sie können eine Ecke in der Wohnung für Unordnung reservieren. Chaos kann kreativ sein. Schauen Sie sich Ateliers von Künstlern an, da geht es meist ziemlich chaotisch zu und das nutzt der Kreativität.

Zum Abschluss noch ein Gedanke:

Lieber Gott, gib mir die Kraft, zu verändern, was ich verändern kann,
die Geduld, zu ertragen, was ich nicht verändern kann,
und die Intelligenz, das eine vom anderen zu unterscheiden.

19. Lernteams nutzen

In einer Gruppe kann man effektiver und mit mehr Spaß lernen. In einem guten Team ergänzen und verstärken sich die Stärken der Mitglieder. Betrachten wir zuerst, welche Probleme sich in Teams ergeben können. Wenn man die Probleme kennt, kann man sie leichter vermeiden.

Probleme, die sich in Teams ergeben können
Keiner übernimmt die Verantwortung.
„Negative" Emotionen wie Ängste und Aggressionen schaukeln sich hoch, eskalieren.
Es herrscht eine eingeschränkte Sicht der Welt mit starren Regeln.
Entscheidungen werden auf die lange Bank geschoben.
Ewige Diskussionen, Rechthaberei, Schuldzuweisungen und Machtkämpfe, die die Arbeit blockieren.
Konflikte werden unter den Teppich gekehrt und schwelen dort weiter.
Einzelne Mitglieder werden unterdrückt, ausgegrenzt oder ausgestoßen (Sündenbock).
Einzelne Mitglieder schwimmen passiv mit und hemmen die Gruppenenergie.
Einzelne dominieren die Gruppe, benutzen die Gruppe für Machtspiele und schwächen damit die anderen.
In einem schlechten Team ist das Team nur so stark wie das schwächste Glied. Wenn eine Gruppe gemeinsam auf einen Berg steigt, ist sie nur so schnell wie der langsamste der Gruppe.

Vorteile von Teams
Die Fähigkeiten, das Wissen, die Ideen und Neigungen der Teammitglieder ergänzen und verstärken sich.
Möglichkeit, durch Rückmeldungen zu lernen.
Durch Arbeitsteilung und gegenseitiges Unterstützen kann ein Team mehr erreichen.

Die Mitglieder motivieren sich gegenseitig durch Anforderungen, Wettstreit, Kontrolle.
Gefühl der Sicherheit und der Geborgenheit in der Gruppe, Spaß.

Wie man geeignete Mitglieder findet
Wenn Sie ein Team zusammenstellen, können Sie auf folgende Kriterien achten:
Die Mitglieder sind kompetent, sympathisch, sie können und wollen mitarbeiten, sie ergreifen die Initiative, sie haben Durchhaltevermögen, sie sind teamfähig und lernfähig, man kann gut mit ihnen auskommen, die Chemie stimmt, die Mitglieder sind nicht zu gleich und nicht zu verschieden, ihre Fähigkeiten und Neigungen ergänzen sich. 5–10 Mitglieder in einem Team sind optimal.

Gruppenklima
In einem guten Team herrscht ein Gefühl von Vertrauen. Die Mitglieder gehen freundschaftlich und fair miteinander um und kommunizieren offen miteinander. Fehler werden nicht verteufelt, sondern man lernt aus ihnen. Die Mitglieder sind engagiert und spielerisch bei der Sache. In einem guten Team werden das Team *und* der Einzelne geachtet.

Brainstorming erst allein, dann in der Gruppe
Wenn man in einem Team Ideen sammelt, kann man zuerst ein paar Minuten Zeit nehmen, damit jeder für sich Ideen sammelt (mit Hilfe des Brainstormings, siehe Kapitel 17). Dann kann man ein Brainstorming in der Gruppe durchführen.

20. Typische Probleme beim Lernen und ihre Lösung

Betrachten wir nun einige typische Lernprobleme und Möglichkeiten, wie man sie lösen kann.

Verwirrung

Wenn man etwas Neues lernt, verliert man manchmal den Überblick und ist verwirrt. Verwirrung ist ein unangenehmer, aber wichtiger Schritt im Entdeckungs- und Lernprozess. Wissenschaftlicher Fortschritt durchläuft abwechselnd Phasen der Klarheit und der Verwirrung. Klarheit –> Verwirrung –> Klarheit –> Verwirrung –> Klarheit –> usw.

Ein Beispiel: Die klassische Physik in der Tradition Isaac Newtons hatte eine klare Erklärung der wichtigsten physikalischen Erscheinungen gefunden. Albert Einsteins Relativitätstheorie stellte dann so unumstößlich scheinende Größen wie Zeit und Raum in Frage. Viele traditionelle Physiker waren nicht bereit, sich der Verwirrung durch diese neue Sicht der Welt zu stellen und dadurch auf ein höheres Niveau der Erkenntnis zu gelangen.

Wenn der Zustand der Verwirrung zu lange dauert, kann man sich eine Nebelwand vorstellen, hinter der sich die neue Erkenntnis versteckt. Man kann seiner Intuition vertrauen und abwarten, ob sich der Nebel lichtet. Man kann in der Vorstellung die Nebelwand mit größerem Abstand betrachten, vielleicht klärt sich so etwas, oder man kann eine leichte Brise aufziehen lassen, die den Nebel lichtet. Man kann vor dem Einschlafen sein Unterbewusstes bitten, im Schlaf eine neue Ordnung, eine Struktur oder ein Muster zu finden, die den Zustand der Verwirrung in eine neue Erkenntnis und Klarheit verwandelt.

Wenn man zu lange an einer alten Theorie festgehalten hat und überprüfen will, ob sich die Theorie erneuern lässt, kann man sein altes Bild der Theorie absichtlich in einem Nebel verschwinden und sich überraschen lassen, ob etwas Neues aus dem Nebel auftaucht.

Es ist günstig, altes Wissen, alte Verhaltensweisen, Überzeugungen und Denkmuster immer wieder einmal zu hinterfragen, sich zu fragen, ob sie noch sinnvoll sind oder ob man sie ergänzen kann. Wenn eine Firma an Altem festhält, nur weil es funktioniert, kann sie schnell von innovativeren Firmen ins Abseits gedrängt werden.

Ich bin mir bewusst, dass manche Aussagen dieses Buches einige Leser zuerst einmal verwirren. So ist für viele das systemische Denken im Gegensatz zum mechanischen Denken und das Denken in Prozessen statt in Dingen ungewohnt.

Angst vor Neuem

Altvertrautes aufzugeben und sich auf neue Gedankengänge einzulassen, macht vielen Angst. Manche wollen diese Angst vor Neuem nicht wahrnehmen und werden bei neuen Gedankengängen aggressiv. Für Menschen, denen es schwer fällt, sich neuen Gedankengängen zu öffnen, können folgende Gedanken interessant sein:

Sie können sich klarmachen, dass Sie in Ihrem Leben eine Menge gelernt haben, das Ihnen geholfen hat, sich in der Welt zurechtzufinden. Sie können jederzeit wieder zu den bewährten Überzeugungen zurückkehren, wenn neue Gedankengänge, die Sie erforscht haben, Ihnen nicht zusagen. Sie können Ihrer inneren Weisheit vertrauen, dass nach einiger Zeit eine neue Verbindung, eine Synthese, entsteht, in der sich Bewährtes mit brauchbaren neuen Ideen verbindet und unbrauchbare Ideen automatisch aussortiert werden. Sie können auf Ihren Erfahrungen und dem bisher Gelernten aufbauen und zusätzliche Perspektiven und Wahlmöglichkeiten gewinnen. Sie können sich Zeit lassen, bis das Neue sich in einer für Sie sinnvollen Art mit dem bisher Gelernten verbindet und Ihr Leben bereichert.

Aus dem Zustand der Stagnation, des Stillstandes, kommen

Häufig tritt beim Lernen nach anfänglich schnellem Fortschritt eine Phase der Stagnation ein. Obwohl man weiter lernt, sind keine Fortschritte zu erkennen. Manchmal tritt sogar ein kurzfristiger Rückgang ein. Phasen der Stagnation sind frustrierend, sie sind jedoch wichtige Schritte im Lernprozess. Der Lernprozess erfolgt in Stufen, die immer wieder von Phasen der Stagnation unterbrochen werden, bevor es, meist etwas langsamer, weitergeht.

Der Lernvorgang entwickelt sich in einer Kurve wie im folgenden Bild:

Phasen der Stagnation bedeuten, dass das Lernen eine neue Qualität erreicht hat, dass es nach einer Zeit des Übergangs auf einer höheren Ebene weitergeht. In Stagnationsphasen kann man sich neu motivieren, sich das Lernen interessant machen, ein Team finden, das einen beim Lernen unterstützt. Wenn die Phase der Stagnation zu lange anhält, steckt vielleicht eine Lernblockade dahinter. Ich behandle etwas weiter unten, was man da machen kann.

Oft sieht man anfängliche Fortschritte leichter als spätere. Wenn man die tausend am häufigsten gebrauchten Wörter einer Fremdsprache gelernt hat, versteht man etwa 90 % eines normalen Textes. Wenn man 2000 der am häufigsten gebrauchten Wörter gelernt hat, versteht man etwa 92 %, bei 3000 Wörtern etwa 93 %. Obwohl man den gleichen Fortschritt erzielt hat, sind die Veränderungen beim Lernen der ersten tausend Wörter leichter zu erkennen als bei den folgenden tausend Wörtern. Wenn man beim Tennis einen neuen Aufschlag lernt, wird man erst einmal weniger Punkte machen. Es dauert, bis man mit dem neuen Aufschlag Routine hat und sich der Fortschritt durch mehr Gewinnpunkte manifestiert.

Was kann man tun, wenn man sich überfordert fühlt?

Manche bleiben beim Lernen stecken, weil sie sich überfordert fühlen. Was kann man tun, wenn man sich überfordert fühlt, wenn einem die Arbeit über den Kopf wächst? Ein Beispiel: Einen Angestellten erwartet nach seinem Urlaub auf seinem Schreibtisch ein Riesenstapel von Papieren, die er eins nach dem anderen abarbeiten muss. Nach drei Tagen ist noch kein Fortschritt zu erkennen, der Aktenberg ragt immer noch turmhoch auf seinem Schreibtisch. Der Angestellte fühlt sich überfordert von der Aufgabe, den Aktenberg abzutragen

Was kann man da machen? Der Angestellte kann den Aktenberg vom Schreibtisch nehmen und ihn in eine Zimmerecke stellen. Und er teilt

seine Aufgabe in kleine Schritte auf. Er rechnet aus, wie viele Tage er braucht, um den ganzen Berg abzutragen. Wenn der Stapel einen Meter hoch ist und er jeden Tag drei Zentimeter abarbeiten kann, braucht er etwa 33 Tage, um den Aktenstapel abzuarbeiten. Jeden Morgen kann er ein Tagespensum von 3 cm auf seinen Schreibtisch legen. Wenn er das Tagespensum abgearbeitet hat, kann er einen kleinen Sieg über den Aktenberg feiern.

Bei Überforderung wird man durch den Blick auf einen scheinbar nicht zu bewältigenden Berg von Arbeit so demotiviert, dass man die Hoffnung verliert, die Arbeit zu schaffen. Die Lösung ist, nicht auf den riesigen Berg von Arbeit zu schauen, sondern sich auf kleine erreichbare Ziele zu konzentrieren. Gerade bei Zielen wie der Erstellung einer Doktorarbeit kann diese Strategie hilfreich sein.

„Ich kann das nicht."

Viele Menschen sagen immer wieder: „Ich kann das nicht." Dieser Satz kann wie eine negative Suggestion wirken. Vielleicht hilft der folgende Text:

„Ich kann das nicht"
Wer das sagt, setzt sich selbst Grenzen.
Denken Sie an die Hummel!
Die Hummel hat 0,7 qcm Flügelfläche bei 1,2 g Gewicht. Nach den bekannten Gesetzen der Aerodynamik ist es unmöglich, bei diesem Verhältnis zu fliegen.
Die Hummel weiß das aber nicht und fliegt einfach!

Wenn man glaubt, etwas nicht zu können, kann man sich fragen, was einen daran hindert, es zu lernen. Ein Hindernis ist wie ein Problem, ein auf den Kopf gestelltes Ziel. Man kann Probleme und Hindernisse in Ziele umformulieren. Anstatt darüber zu jammern, dass man kein Englisch kann, kann man sagen: „Ich will Englisch lernen."

Man kann sich fragen, was genau man nicht kann. Oft beherrscht jemand von einer komplexen Tätigkeit einen einzigen Teilschritt nicht und verallgemeinert dies mit dem Satz: „Ich kann das nicht."

Man kann sich fragen, wie es wäre, wenn man es könnte, wie man sich fühlen würde, wenn man es könnte. Sie können auch so tun, als ob Sie es könnten. Damit springt man über das Problem direkt zur Lösung. Diese Technik bitte mit Vorsicht anwenden: Wenn Sie so tun, als ob Sie ein Bild malen könnten, kann nicht viel passieren, wenn es nicht klappt. Wenn Sie so tun, als ob Sie auf den Mount Everest steigen könnten und nicht die nötige Ausbildung haben, kann es gefährlich werden.

Umgang mit Schwierigkeiten

Entscheidend für das Erreichen von Zielen ist auch die Art, wie man mit Absagen, Rückschlägen, Schwierigkeiten und Fehlern umgeht. Viele lassen sich von Schwierigkeiten entmutigen, betrachten sie als Misserfolg, als Beweis für ein Versagen und werfen die Flinte vorzeitig ins Korn. Es ist sinnvoll, Rückschläge und Fehler als Lernerfahrungen, als Herausforderungen zu betrachten, als Chancen, sich zu beweisen. Wie Kinderkrankheiten wichtig sind für den Reifungsprozess von Kindern, so lassen gemeisterte Schwierigkeiten uns wachsen. Erfolgreiche Menschen werden nicht weniger von Rückschlägen und Absagen betroffen als andere, sie gehen nur kreativer damit um. Gemeisterte Schwierigkeiten lassen uns wachsen.

Umgang mit Störungen und Unterbrechung

Vielen fällt es schwer, nach einer Störung oder Unterbrechung durch einen Telefonanruf oder einen Besuch wieder zur Arbeit oder zum Lernen zurückzufinden. Was kann man tun, um nach einer Störung schnell wieder zum Lernen zurückzukommen? Ich kann, wenn das Telefon klingelt, einen Moment innehalten, mir bewusst machen, was ich gerade sehe, höre und fühle, wie meine Körperhaltung ist und was ich als nächsten Schritt machen wollte. Und ich merke mir diese Bestandsaufnahme des jetzigen Momentes. Dann wende ich mich dem Anruf zu. Wenn der Anruf beendet ist, erinnere ich mich an die Bestandsaufnahme vor der Störung, begebe mich in die Körperhaltung vor der Störung und fahre mit dem Lernen fort.

Was man tun kann, wenn einem ein Lerngebiet nicht gefällt

Was kann man tun, wenn einem ein Lerngebiet, mit dem man sich beschäftigen muss, überhaupt nicht liegt? Man kann Leute, die dieses Fach mögen, fragen, was ihnen an diesem Fach gefällt und wie sie sich die Beschäftigung mit diesem Gebiet interessant machen.

Auflösung von Lernblockaden

Viele Menschen kommen beim Lernen nicht weiter, weil sie eine Lernblockade haben. Obwohl sie lernen wollen oder müssen, kommen sie beim Lernen einfach nicht weiter. Je mehr sie sich anstrengen, desto größer wird die Blockade. Ich denke, Lernblockaden sind das größte Hindernis beim Lernen. Was kann man bei einer Lernblockade tun?

Fällt Ihnen etwas auf an dem Satz „Ich habe eine Blockade."? Erinnern Sie sich noch an das Thema *Verdinglichung* aus Kapitel 9? Bei *Verdinglichungen* behandelt man etwas, das man tut, als wäre es ein Gegenstand. „Da gibt es viel *Gesaufe*" statt „*Ich saufe* zu viel Wodka." Auch das Wort *Blockade* ist eine *Verdinglichung*. In Wirklichkeit handelt es sich um kein Ding, sondern um eine Handlung. Wie würde der Satz „Ich habe eine Blockade" lauten, wenn man das Wort *Blockade* in ein Verb zurückverwandelt? „Ich bin blockiert" ist schon lebendiger, aber immer noch kein Verb. In dem Satz „*Ich blockiere mich*" ist das Wort *Blockade* wieder in ein Verb, eine Handlung zurückverwandelt. Wenn man sich selbst blockiert, befindet man sich in einem Kampf mit sich selbst, in einem inneren Konflikt. Was kann man da tun?

Konflikte lösen

Ich betrachte zuerst, wie man äußere Konflikte lösen kann. Ein Beispiel: In einer Beratungssendung war ein Türke am Telefon, der mit einer deutschen Frau verheiratet ist. Der Türke wollte in seine Heimat zurückkehren, seine Frau wollte in Deutschland bleiben. Was würden Sie als Berater zu diesem Ehepaar sagen? Ich würde den Türken fragen, was ihn in Deutschland stört und was er in der Türkei will. Und ich würde seine Frau fragen, was sie am Leben in der Türkei stört und was sie in Deutschland will. Es kann sich ergeben, dass er gerne türkische Kultur, Läden und Freunde um sich haben will, während sie die deutsche Kultur und die Rechtssicherheit der Bundesrepublik haben will. Dann frage ich, ob es eine Möglichkeit gibt, die Interessen von beiden zu erfüllen. In diesem Fall wäre das in Berlin-Kreuzberg gegeben. Konflikte löst man am besten, indem man die Wünsche von allen Beteiligten herausfindet und nach Möglichkeiten sucht, bei denen alle Seiten gewinnen. Man nennt diese Methode das *Gewinner/Gewinner-Modell*.

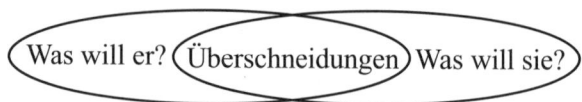

Wie löst man innere Konflikte?

Bei einem inneren Konflikt kämpfen zwei innere Anteile gegeneinander. Ein Anteil will lernen und der andere will baden gehen. Einen inneren Konflikt löst man ähnlich wie einen äußeren Konflikt, indem man die Interessen von beiden Anteilen berücksichtigt. Es gibt eine Methode, innere Konflikte wie äußere Konflikte zu lösen. Ich nenne diese Methode das *Versöhnungsmodell*. Um diese Methode anzuwenden, sind zusätzliche Informationen nötig. Wenn Sie damit arbeiten wollen, gehen Sie am besten zu einem erfahrenen NLP-Master. Oft wirkt allerdings allein der Gedanke, innere Anteile miteinander zu versöhnen, heilend und lösend.

Beim Versöhnungsmodell trenne ich zuerst die in den Konflikt verwickelten Anteile klar voneinander. Nehmen wir an, ein fleißiger und ein fauler Anteil bekämpfen sich gegenseitig. Ich behandele diese Anteile, als wären sie Personen. Ich bitte den Klienten, jedem Teil einen positiven oder zumindest neutralen Namen zu geben, damit ich die Anteile mit diesem Namen ansprechen kann. Der Klient nennt seine Anteile *Arbeit* und *Ruhe*. Ich bitte den Klienten, jeden Anteil einer seiner Hände zuzuordnen. Etwa den Anteil Arbeit in die rechte Hand und den Anteil Ruhe in die linke Hand. Ich spreche mit den Händen, als wären sie Personen. Ich frage die Anteile, was sie für den Klienten erreichen wollen. Nehmen wir an, der Anteil *Ruhe* will für Gesundheit und Kommunikation sorgen, der Anteil *Arbeit* für Erfolg, Reichtum, Anerkennung und finanzielle Sicherheit. Ich führe die beiden Anteile zu einer Versöhnung, indem ich jeden Anteil frage, ob der andere Anteil Fähigkeiten besitzt, die ihm selbst bei der Erfüllung seiner positiven Absicht nützlich sein könnten. Ich frage die Anteile, ob sie sich vorstellen können und bereit sind, die nächsten 10 Tage zusammenzuarbeiten, indem sie den anderen Anteil mit ihren Fähigkeiten unterstützen und umgekehrt die Fähigkeiten des anderen Anteils nutzen. Wenn man so die Blockade auflöst, kommt die Lebensenergie wieder in Fluss.

Wenn jemand innere Stimmen hört, die miteinander streiten, kann man diese Stimmen wie Anteile behandeln und den Konflikt mit dem Versöhnungsmodell lösen. Einmal kam ein Student in meine Beratung, der während seinen Prüfungen blockiert war. Mitten in der Prüfung stritten sich zwei innere Stimmen: Die eine Stimme sagte: „Warum hast du nicht mehr gelernt?", worauf die andere Stimme erwiderte: „Du Streber." Man kann sich vorstellen, dass der Student bei den Prüfungen nicht gut abschnitt.

Manchmal verschmelzen die beiden Anteile zu *einem* Teil, in anderen Fällen bleiben es zwei Anteile, die nun kreativ zusammenarbeiten. Wie in einem Orchester spielen Sie jetzt harmonisch zusammen.

„Ha! Webster hat einen Platten in der Großhirnrinde."

Teil D

Die Einstellung zum Lernen

21. Wie kann man sich zum Lernen motivieren?

Motivation ist die Kraft, die uns dazu bringt, etwas zu tun. Wie kann man sich zum Lernen motivieren? Es gibt zwei Arten, wie Menschen sich selbst und andere zum Handeln bringen, wie sie sich motivieren. Die einen motivieren sich, indem sie sich von etwas Unangenehmem wegbewegen, sie wollen Ärger, Strafen, Schwierigkeiten, Probleme, schlechte Noten vermeiden. Andere motivieren sich, indem sie sich auf angenehme Dinge zubewegen, sie wollen Vorteile, Spaß, Belohnungen, gute Noten. Beide Arten der Motivation funktionieren. Die Motivierung durch das *Vermeiden* von etwas Unangenehmem hat allerdings gerade beim Thema Lernen einige Nachteile (die man vermeiden kann). Die Motivation nach dem Prinzip *Vermeiden* arbeitet mit Druck. Und Druck ist ein absoluter Denk- und Lernkiller. Druck ist auf Dauer ungesund und macht keinen Spaß. Bei *Vermeiden* schaut man wie ein Kaninchen auf die Schlange, auf das, was man nicht will, bewegt sich rückwärts weg von dem Unerwünschten und erkennt dabei oft nicht, dass man sich auf etwas zu bewegt, das man auch nicht will. Im Rückwärtsgehen hat man wenig Kraft. Wer das Abitur nachmacht, weil die Arbeit keinen Spaß macht, wird wenig motiviert. Wer dagegen das Abitur nachmacht, weil er als Kinderarzt in Afrika arbeiten will, ist stärker motiviert. Bei Motivation durch *Vermeiden* hält die Motivierung oft nicht lange an. Wenn man sich ein Stück von dem unerwünschten Zustand wegbewegt hat, verliert die Motivation an Kraft. So entsteht leicht eine zyklische Bewegung weg von dem Unerwünschten wieder hin zum Unerwünschten, eine Schleife.

Motivation durch Bewegung weg von etwas Unerwünschtem:

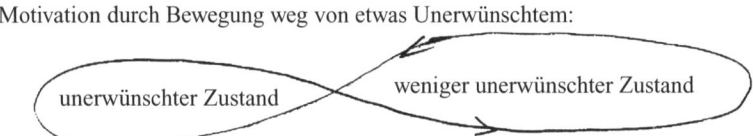

unerwünschter Zustand   weniger unerwünschter Zustand

Ich persönlich würde die Motivierung durch Vermeiden von etwas Unerwünschtem, wenn überhaupt, nur als zusätzliche, ergänzende Motivierung nutzen und nur am Anfang, um in die Gänge zu kommen. Manchmal ist es aber auch günstig zu wissen, was man vermeiden will, was gefährlich werden könnte. Es kann angebracht sein, eine Beziehung zu verlassen, auch wenn man noch keinen neuen Partner hat.

Ein Lernziel setzen

Am besten motiviert man sich zum Handeln, indem man sich Ziele setzt. Die Formulierung des Zieles hat erstaunlicherweise eine große Wirkung auf die Chance, das Ziel zu erreichen. Sie können gleich zur Übung ein, zwei Ziele im Bereich Lernen formulieren. Bitte schreiben Sie bei der Zielformulierung ganze Sätze. „Ins Kino gehen" ist kein Satz, sondern eine Überschrift. Ein Satz hat immer ein Subjekt, das etwas tut, und ein Prädikat, das ist das, was das Subjekt tut. „Er geht ins Kino" ist ein Satz.

Lernziele:

....

....

Viele formulieren Ziele, indem sie schreiben: Ich „versuche", ich „hoffe". Diese Formulierungen sind ungünstig. Wenn man etwas *versucht*, hält man für möglich, dass man scheitert. Man sieht innerlich ein Bild des Erfolges und ein Bild des Misserfolges. Damit ist der Misserfolg vorprogrammiert. Wenn man *hofft*, ist man passiv, man erwartet die Lösung von außen. Auch die Formulierungen „ich wünsche, ich würde gerne, ich möchte" sind schwach. Sie zeigen wenig Entschlossenheit, etwas für die Erreichung des Zieles zu tun. Im Gespräch können die Formulierungen „ich wünsche, ich würde gerne, ich möchte" höflich und angemessen sein, bei der Zielformulierung sind sie nicht so günstig. Stärker ist die Formulierung „ich will". Damit signalisiert man, dass man etwas wirklich erreichen will und entschlossen ist, etwas dafür zu tun. Ich kenne drei günstige Möglichkeiten, Ziele zu formulieren: Man kann sagen: „Ich will das Abitur bestehen", „Ich werde das Abitur bestehen" oder „Ich habe das Abitur in der Tasche." Bei der Formulierung „ich will" ist das Hauptgewicht auf die Bereitschaft zum Handeln gelegt, bei „ich werde" ist man sicher, das Ziel zu erreichen, bei „ich habe" spürt man schon, wie es ist, das Abitur zu haben. Viele können sich überhaupt nicht vorstellen, das Abitur zu schaffen. Wenn man die Erreichung eines Zieles nicht für möglich hält, wird es schwer, es zu erreichen. Oft reicht die Formulierung eines Zieles schon aus, um das Ziel zu erreichen. Etwa, wenn man lernen will, sich selbstsicher zu fühlen, und sagt: „Ich fühle mich selbstsicher." Um diesen Satz zu verstehen, muss man sich vorstellen, sich selbstsicher zu fühlen. Damit werden neue Nervenbahnen geprägt, und das Ziel ist erreicht.

Ungünstig ist, das Ziel negativ zu formulieren, wie „Ich will keine Angst haben." Günstiger ist, das Ziel positiv zu formulieren, also „Ich will ruhig und selbstsicher bleiben." Auch Vergleiche wie „Ich will im Englischen besser werden" sind nicht so günstig. Unser Unterbewusstsein versteht solche Formulierungen wortwörtlich und sorgt dafür, dass man genau *ein* englisches Wort zusätzlich lernt. Damit ist das Ziel erreicht und das Unterbewusste kann sich ausruhen. Am besten formuliert man Ziele konkret. Konkrete Ziele kann man messen. Und man kann sich die Erreichung des Zieles in möglichst vielen Sinneskanälen vorstellen. Beim Ziel das Abitur zu schaffen, kann man das Abiturzeugnis vor sich sehen, es in seiner Hand fühlen, spüren, wie einem Freunde anerkennend auf die Schulter klopfen und einem gratulieren. Man kann sich das Ziel in möglichst anziehenden Feinunterscheidungen (siehe Kapitel 26.2) vorstellen. Oft ist ein bunter, dreidimensionaler Film mit musikalischer Untermalung besonders anziehend. Überlegen Sie, welche positiven Auswirkungen die Erreichung Ihres Zieles haben wird, welche neuen Möglichkeiten sich für Sie eröffnen, wenn Sie das Abitur geschafft haben, wie Ihr Selbstwertgefühl steigen wird usw.

Dann können Sie sich ganz von dem Gefühl, das Ziel erreichen zu wollen, erfüllen lassen. Sie können das Ziel wie ein Schwamm in sich aufsaugen, alle Ebenen Ihres Seins, alle Zellen Ihres Körpers erfüllen lassen von dem Ziel, das Abitur gut zu bestehen.

Es ist günstig, mögliche innere Einwände gegen die Erreichung des Zieles zu erkennen und zu berücksichtigen. Überlegen Sie, ob es irgendwelche unerwünschten Nebenwirkungen geben könnte, wenn Sie Ihr Ziel erreicht haben. Wenn man Einwände ignoriert, blockieren sie, wenn man sie berücksichtigt, werden sie zu Bündnisgenossen. Fragen Sie sich bei inneren Einwänden, was die positive Absicht hinter dem

168

Einwand ist und suchen Sie andere Möglichkeiten, diese Absicht zu erfüllen.

Zwischenziele

Manchmal ist es nicht leicht, sich auf Dauer für Ziele wie das Schreiben einer Doktorarbeit zu motivieren, deren Erreichung lange Zeit erfordert. Hier kann man Zwischenziele setzen.

Erreichen von Zielen feiern

Wenn Sie ein Ziel erreicht haben, freuen Sie sich darüber und feiern Sie den Erfolg. Sie können sich für Erfolge belohnen. Das Feiern von Erfolgen macht nicht nur Spaß, damit signalisiert man seinem Unbewussten, dass es sich rentiert, etwas für die Erreichung von Zielen zu tun.

Buch führen über Fortschritte

Bei vielen Tätigkeiten fällt es leicht, sich zu motivieren, weil man Erfolge sofort sieht. Wenn man eine Tür streicht, sieht man sofort, was man geleistet hat. Beim Lernen ist das oft nicht so einfach. Oft wird einem, wenn man in ein neues Lerngebiet einsteigt, erst einmal klar, was man alles noch nicht weiß. Man kann seine Motivation stärken, indem man Buch führt über seine Fortschritte. Man kann Karteikarten anlegen über alle Bücher, die man gelesen hat. Damit kann man sehen und fühlen, wie viel man schon getan hat. Man kann auch notieren, wie viel Stunden man gelernt hat.

Demotivierung vermeiden

Fehlende Motivation ist wie Fieber ein Symptom, das viele Ursachen haben kann. Es gibt kein allgemeines Mittel gegen Fieber, weil Fieber viele Ursachen haben kann und eine Funktion bei der Heilung hat. Wenn die Mitarbeiter in einer Firma wenig motiviert sind, kann es daran liegen, dass der Chef seine Mitarbeiter verachtet oder dass in der Firma niemand Verantwortung übernimmt und Entscheidungen trifft. Ich halte wenig von Motivationsseminaren in der Art der Herren *Robbins* und *Ratelband*. In diesen Seminaren werden die Teilnehmer in Ekstase gebracht und ihnen wird suggeriert, dass sie alles können, was sie wollen. Ekstase kann ein angenehmer Zustand sein. Wenn ich Ekstase erleben will, gehe ich in ein Konzert von *Tina Turner*. Mit Wachstum und Lernen hat Ekstase nichts zu tun. Ich halte es für gefährlich, Leuten zu suggerieren, dass sie alles können. Es gibt mindestens genauso viele Menschen, die sich überschätzen, wie Menschen, die sich unterschätzen. Wenn jemand glaubt, er könne alles, steigt er auf einen Berg, ohne die nötige Erfahrung und Kondition, und der Absturz ist vorprogrammiert. Anstatt sich mit Motivationsseminaren aufzuputschen, kann man alles vermeiden, was dazu führen kann, dass man sich demotiviert.

Das Lernen selbst angenehm und interessant gestalten

Man kann das Lernen erleichtern, indem man es möglichst angenehm und interessant gestaltet. Ich gebe in diesem Buch einige Anregungen, wie man das machen kann.

Selbstbelohnungssystem des Organismus

Unser Körper besitzt ein automatisches Selbstbelohnungssystem. Wenn man etwas besonders gut gemacht hat, werden morphiumähnliche Stoffe ausgeschüttet, die dazu führen, dass wir uns gut fühlen. Man muss sich nicht zum Arbeiten und Lernen motivieren, das erfolgreiche Arbeiten und Lernen belohnt sich selbst. Besonders, wenn eine Arbeit bessere Resultate gebracht hat als erwartet, fühlen wir uns gut. Vor allem die so genannten *Aha-Erlebnisse* wirken motivierend, wenn man selbstständig auf die Lösung eines Problems oder einer Frage gekommen ist. Wenn Sie in kleinen Schritten lernen, wird jeder erreichte Schritt, jede Information, die Sie verstanden und behalten haben, zu einem Erfolgserlebnis, das sich selbst belohnt. Kleine Kinder müssen sich nicht zum Lernen motivieren. Sie lieben es, zu lernen. Sie sind von Natur aus neugierig, erforschen spielerisch ihre Umwelt. Erwachsene können lernen, wie Kinder kreativ und mit Spaß zu lernen.

Zum Abschluss dieses Kapitels ein Rätsel:

In welchem Land werden, gemäß internationaler Absprachen, nach einem Flugzeugunglück die Überlebenden bestattet, in ihrem Herkunftsland, im Abflugland, im geplanten Zielland oder wo sonst?

Die Lösungen aller Rätsel finden Sie auf Seite 204.

22. Die Einstellung zum Lernen

Mit entscheidend für den Lernerfolg ist die Einstellung zum Lernen. Überzeugungen haben die Tendenz, sich selbst zu beweisen und zu verwirklichen. Dieses Phänomen ist als *sich selbst erfüllende Prophezeiung* bekannt. Negative Überzeugungen zum Thema Lernen, wie „Lernen ist ein notwendiges Übel", „Lernen ist anstrengend und langweilig", „Ich bin dumm" erschweren das Lernen. Auch die Bezeichnungen *Pauken* und *Büffeln* deuten auf eine negative Einstellung zum Lernen hin. Überlegen Sie, ob Sie negative Überzeugungen zum Thema Lernen haben. Sie können diese Überzeugungen auf einem Zettel notieren. Karl Valentin sagte einmal: Alles hat drei Seiten, eine positive Seite, eine negative und eine komische. Nachdem wir betrachtet haben, wie man Lernen negativ betrachten kann, können Sie überlegen, welche Vorteile Lernen bringen kann:

....

....

....

Hier sind einige *Vorteile, die Lernen bringen kann*:

Lernen eröffnet mehr Möglichkeiten. Wenn Sie Englisch sprechen, können Sie sich mit mehr Menschen unterhalten und mehr Bücher lesen.

Lernen eröffnet Chancen für die berufliche Karriere. Mit einer Ausbildung, mit Abitur oder mit einem abgeschlossenen Studium haben Sie mehr Chancen auf eine gute Arbeitsstelle. Heute ist es nötig, laufend dazuzulernen, um im Beruf erfolgreich zu sein.

Lernen macht Spaß, ist interessant, spannend, faszinierend, man kann seine Neugierde befriedigen. Lernen ist ein Abenteuer, eine Herausforderung. Man kann an einen Lernstoff herangehen wie ein Entdecker, ein Archäologe, ein Forscher, ein Spion, ein Meisterdieb oder ein Kriminalkommissar. Lernen eröffnet neue Welten, die Welt der Sterne, der

Atome, der Tiere, ferne Länder, die Geschichte der Welt und der Menschheit, die faszinierende Welt unseres Gehirns.

Lernen bedeutet, jung und flexibel zu sein. Lernen macht unser Leben interessant und lebendig. Lernen ist ein Grundbedürfnis von Menschen. Das Verhalten der meisten Tiere ist genetisch vorbestimmt, sie sind kurz nach der Geburt fertig entwickelt und können sich selbstständig durchschlagen. Bei Menschen ist wenig Verhalten genetisch festgelegt. Menschen müssen erst eine Menge lernen, bevor sie flügge werden. Schnell und viel lernen zu können unterscheidet uns von den meisten Tieren. Während die meisten Tiere für ein bestimmtes Verhalten und eine bestimmte Umgebung spezialisiert sind, sind Menschen fürs Lernen spezialisiert.

Lernen gibt Selbstbestätigung und schafft Erfolgserlebnisse. Unser Körper hat ein eingebautes Belohnungsprogramm. Nach jedem Erfolg belohnt uns unser Organismus mit Glücksgefühlen.

Um es in einem Satz zu sagen: Menschen können nichts so gut wie lernen, und wenig macht ihnen mehr Freude. Beobachten Sie Kinder, die *Lego* spielen und dabei spielerisch lernen.

Schauen Sie noch einmal die alten negativen Überzeugungen zum Thema Lernen an, die Sie auf den Zettel geschrieben haben. Sie können Sätze wie „Ich bin dumm" umformen in Sätze, die sie unterstützen, wie „Ich lerne auf meine Art und in meiner Geschwindigkeit." Langsam zu lernen bedeutet nicht, dumm zu sein. Einer der bedeutendsten Physiker des 20. Jahrhunderts, der Nobelpreisträger *Niels Bohr*, wurde während seines Studiums oft für dumm gehalten, weil er viel Zeit brauchte, um etwas zu verstehen. Während die anderen Studenten schnell ein oberflächliches Wissen erwarben, gewann Niels Bohr langsam ein eigenes, tieferes Verständnis.

Sie können sich mit einem Ritual von den alten, einschränkenden Überzeugungen zum Thema Lernen verabschieden. Unerwünschte Überzeugungen zu bekämpfen, hilft oft nicht. Der Kampf gegen etwas erschwert das Loslassen. Günstiger ist es, sich von den alten Überzeugungen freundlich zu verabschieden. Die alten Überzeugungen haben irgendwann einen Zweck erfüllt, inzwischen sind sie nicht mehr nötig. Sie können die alten Überzeugungen verabschieden und gehen lassen, wie Wolken, die am Horizont vorbeiziehen. Sie können das Blatt mit den einschränkenden Überzeugungen zu einem Papierflieger falten und diesen von einer Brücke in einen Fluss segeln lassen. Vielleicht wollen Sie die folgenden neuen Überzeugungen zum Thema *Lernen* übernehmen.

Sinnvolle Überzeugungen zum Thema Lernen:
Ich lerne gerne, es macht mir Spaß zu lernen.
Ich kann mir Informationen gut merken.
Ich bin intelligent, phantasievoll und kreativ.
Ich bin neugierig auf neue Erfahrungen.
Ich nehme Rückschläge, Schwierigkeiten und Fehler als Herausforderung und Chancen zum Lernen.
Ich lerne spielerisch wie ein Kind.
Lernen hält mich jung und lebendig.
Ich lerne in meiner Geschwindigkeit und auf meine Art, ganz egal, was andere dazu sagen.
Ich kann das für mich Wichtige leicht behalten und es steht mir zur Verfügung, wenn ich es brauche.
Martin R. Mayer: *Effektiv und mit Leichtigkeit Lernen.*
Das Kopieren dieses Kästchens ist erlaubt.

Sie können sich erfüllen lassen von den neuen unterstützenden Überzeugungen zum Lernen. Wie fühlt es sich an, diese Überzeugungen zu haben? Überlegen Sie, welche positiven Veränderungen diese Überzeugungen in Ihr Leben bringen können.

Zum Abschluss des Kapitels eine Anekdote:

Ehrlich
Einem Lehrer rutschte einmal im Eifer des Gefechts folgender Satz heraus: „Also, ich kann Ihnen das ja erklären, aber verstanden habe ich es auch nicht!"

23. In einen effektiven Lernzustand kommen

Nachdem wir betrachtet haben, welche Einstellung zum Lernen günstig ist, will ich untersuchen, in welchem geistigen Zustand man am besten lernen kann. Im Zustand der Entspannung und im Alphazustand sind wir besonders offen fürs Lernen. Betrachten wir nun einen ähnlichen geistigen Zustand, in dem wir ebenfalls leicht arbeiten und lernen können, den so genannten *Flow-Zustand* (Fließen).

Flow

Viele Menschen glauben, sie müssten sich anstrengen, um Höchstleistungen zu erreichen. Anstrengen führt jedoch wie Druck dazu, dass unser Gehirn bei seiner Arbeit behindert wird. Auch wenn man *sich Mühe gibt*, arbeitet man unter Druck. Viele Menschen wollen perfekt sein. Ich weiß nicht, ob es möglich ist, perfekt zu sein, und ob dies wünschenswert ist. Gerade ihre kleinen Schwächen und Fehler machen Menschen liebenswert. Menschen, die perfekt sein wollen, sind oft in einen inneren Konflikt zwischen sich selbst und einem perfekten Idealbild verstrickt. Ich habe Langzeitarbeitslose kennen gelernt, die einen Perfektionsanspruch an sich selbst hatten. Da sie wussten, dass sie diesen Anspruch nicht erfüllen können, taten sie überhaupt nichts. Statt zu versuchen, perfekt zu sein, kann man sein Bestes geben. Wenn ich etwas tue, mache ich es total, mit meiner ganzen Person.

Es gibt einen Zustand, in dem man mit dem Minimum an Kraftaufwendung Höchstleistungen erzielt. In dem so genannten *Flow-Zustand* geht man ganz in der Arbeit auf. Zen-Buddhisten sagen dazu: „Der Tänzer und der Tanz werden eins." Im Flow-Zustand geschieht die Tätigkeit wie von allein, man vergisst die Zeit und den Rest der Welt um sich herum und geht ganz in der Tätigkeit auf. Typisch für den Flow-Zustand ist, dass die Tätigkeit einfach und spielerisch aussieht. Es ist faszinierend, Menschen zuzuschauen, die sich im Flow-Zustand befinden.

Wenn André Agassi in diesem Zustand spielt, geht sein Rückhand-Return genau ins Eck und es sieht aus, als wäre dieser Schlag das Einfachste auf der Welt. Viele kommen beim Improvisieren von Musik in diesen Zustand. Ich selbst habe diesen Zustand zuerst beim Tanzen erlebt. Ich bin oft während meiner Trainings und Beratungen und beim Schreiben in diesem Zustand.

Wie kann man in den Flow-Zustand kommen? Man kann ihn nicht erzwingen. Man kann Menschen beobachten, die in diesem Zustand sind. Es ist eine Freude, ihnen zuzuschauen. Man kann sich an Momente erinnern, als man in diesem Zustand war. Man kann es genießen, wenn man in diesem Zustand ist. Und es gibt zwei Möglichkeiten, wie man verhindert, in den Flow-Zustand zu kommen. Wenn man unterfordert ist, langweilt man sich. Wenn man überfordert ist, ist man frustriert. Der Flow-Zustand stellt sich am ehesten ein, wenn man sich kurz unterhalb der Überforderung befindet, wenn man seine Grenzen ausweitet.

Überforderung > Frustration	///
	Flow
Unterforderung > Langeweile	///

Ideal ist es, wenn man eine Arbeit hat, bei der man in den Flow-Zustand kommt. Und man kann in allen Berufen in diesen Zustand kommen. Wenn Sie mehr über den Flow-Zustand erfahren wollen, können Sie das Buch *Lebe gut* von *Mihaly Csikszentmihalyi* lesen.

Günstiger Lernzustand

Am besten lernt man in einem Zustand, der dem Flow-Zustand nahe kommt. Meist wird empfohlen, sich beim Lernen zu konzentrieren. Ich bin da skeptisch. Es gibt zwei verschiedene Arten des Sehens. Die eine Art ist ein fokussierter, enger, konzentrierter Blick, der auf einen kleinen Ausschnitt des Blickfeldes fixiert ist. Dieser Blick ist oft mit angehaltenem Atem, Druck, Anstrengung und Anspannung verbunden. Und es kostet Energie, ihn über längere Zeit aufrechtzuerhalten. Die andere Art des Sehens ist ein weicher, weiter, peripherer Blick. Dieser Blick umfasst entspannt das gesamte Blickfeld. Beim Autofahren ist es günstiger, nicht konzentriert auf das Auto vor sich zu schauen, sondern mit einem weiten, peripheren Blick zu fahren. Mit diesem Blick kann man am besten wahrnehmen, wenn ein Reh von der Seite kommt, wenn ein betrunkener Fahrer entgegenkommt oder wenn die Ladung auf dem LKW vor uns ungesichert ist. Unser Auge kann übrigens Bewegungen am Rande des Sehfeldes besser wahrnehmen als im Zentrum.

Beim Lernen ist es günstig, laufend zwischen dem konzentrierten und dem weiten Blick und zwischen den beiden Gehirnhälften hin und her zu wechseln. Damit wird keine Gehirnhälfte überanstrengt. Man kann einen Lernstoff erst theoretisch erfassen und dann frei assoziieren, Beispiele, Parallelen, Metaphern suchen, seine Phantasie schweifen lassen.

Mit dem weichen, weiten Blick können wir bedeutend mehr Informationen auf einmal wahrnehmen und behalten. Günstiger als sich zu sagen „Ich muss mich konzentrieren" ist, *bei der Sache zu sein* und das Lernen kreativ und interessant zu gestalten.

Kinder lernen spielerisch, neugierig. Erwachsene können beim Lernen von Kindern lernen. Am besten lernt man spielerisch, mit einem Gefühl der Neugier. Spielerisch bedeutet nicht oberflächlich, sondern dass man etwas locker und mit Spaß macht. Man kann Lernen als Abenteuer, als Entdeckungsreise, als Herausforderung betrachten.

Wie man in einen günstigen Lernzustand kommen kann

Sie können in einen günstigen Lernzustand kommen, indem Sie sich an Momente erinnern, als Ihnen das Lernen leicht gefallen ist. Überlegen Sie, was Sie in Ihrem Leben leicht und mit Spaß gelernt haben. Das können Schulfächer sein, Sportarten, Musikinstrumente, Spiele, Computer, Hobbys usw. Sie können hier notieren, was Sie gerne gelernt haben:

....

....

....

....

....

....

Erinnern Sie sich daran, wie Sie sich in den Momenten gefühlt haben, als Sie leicht und mit gutem Gefühl gelernt haben. Wie war Ihre Einstellung zum Lernstoff, Ihre Körperhaltung, Ihre Atmung? Sie können sich all dies wieder zugänglich machen, Sie können wieder das Gleiche sehen, hören und fühlen wie in den Momenten, in denen Sie mit Spaß gelernt haben. Sie können sich dieses Gefühl merken und sich klarmachen, dass Sie jederzeit wieder in diesen Zustand kommen können. Und Sie können diese Art zu lernen auf andere Lerngebiete übertragen.

Sie können so tun, als ob Sie in einem guten Lernzustand wären oder Menschen als Modell nehmen, die gut lernen können (siehe Kapitel 13). Im nächsten Kapitel stelle ich noch eine Technik vor, wie Sie gezielt in einen guten Lernzustand kommen können, das so genannte *Ankern*.

Teil E

Prüfungen
erfolgreich bestehen

24. Prüfungen erfolgreich bestehen

Wir behandeln in diesem Teil, wie Sie Prüfungen sicher und locker bestehen können. Wir betrachten, wie Sie gezielt für eine Prüfung lernen, wie Sie sich auf die Prüfung einstimmen, was Sie während der Prüfung beachten können und wie die optimale Nachbearbeitung der Prüfung aussehen kann.

Gezielt für eine Prüfung lernen

Neben dem normalen Lernen kann man gezielt für eine Prüfung lernen. Man kann sich überlegen, wozu das Bestehen der Prüfung berechtigt. Die Führerscheinprüfung berechtigt dazu, ein Auto zu fahren. Daraus ergibt sich, was für den Prüfer am wichtigsten ist. Dem Prüfer ist am wichtigsten, dass der Prüfling keine Gefahr für sich und für andere ist, wenn er Auto fährt. Natürlich muss sich ein Prüfer an die Richtlinien halten. Aber wenn ein Prüfling etwas umständlich einparkt, wird der Prüfer eher ein Auge zudrücken, als wenn ein Prüfling zu aggressiv fährt. Man kann sich vor wichtigen Prüfungen überlegen, wozu die Prüfung berechtigt und was demzufolge für den Prüfer am wichtigsten ist. Man kann überlegen, wie man dem Prüfer signalisieren kann, dass man diese Erwartungen erfüllt. Man kann sich in den Prüfer hineinfühlen und überlegen, welche Fragen man an seiner Stelle stellen würde. Sie können die Fragen und die Antworten auf Karteikarten schreiben und damit spielen. Sie können die Prüfung in einem Rollenspiel durchspielen, entweder mit einer Freundin oder allein, indem Sie zwischen zwei Stühlen hin und her wechseln und abwechselnd in die Rolle des Prüfers und des Prüflings hineinschlüpfen.

Beobachten Sie in den letzten Stunden vor der Prüfung, welche Themen der Prüfer besonders ausführlich behandelt oder durch sein nonverbales Verhalten betont. Diese Themen kommen häufig in der Prüfung vor.

Informieren Sie sich vor wichtigen Prüfungen über den Ablauf der Prüfung. Ich habe vor meinem ersten Staatsexamen bei ein paar Prüfungen zugeschaut. Ich wurde mit dem äußeren Ablauf und dem Raum vertraut und konnte mich während der Prüfung ganz auf die Prüfer und die Fragen konzentrieren. Man kann sich auch erkundigen, welche Vorlieben und Eigenheiten ein Prüfer hat, und sich darauf einstellen.

Sich geistig und körperlich auf eine Prüfung einstimmen
Ungünstig ist, direkt vor einer Prüfung zu lernen. Eventuell findet man Wissenslücken und wird dadurch verunsichert. Zudem braucht unser Gehirn Zeit, um einen Lernstoff zu verdauen. Wenn man direkt vor der Prüfung lernt, kann es sein, dass das Gehirn während der Prüfung noch mit dem „Verdauen" des neu Gelernten beschäftigt ist und das Abrufen des Gelernten gestört wird. Am besten vermeidet man alles, das zu Hektik führen könnte. Man kann am Abend vor der Prüfung früh schlafen gehen, um am nächsten Tag ausgeschlafen zu sein. Ich stelle mir vor wichtigen Prüfungen drei Wecker, um mir keine Sorgen zu machen, was passiert, wenn ein Wecker nicht funktioniert. So kann ich ruhig schlafen. Viele Schüler pressen sich zur mündlichen Abiturprüfung in einen engen, unbequemen Anzug, in dem sie sich unwohl fühlen. Am wichtigsten ist, sich während der Prüfung wohl zu fühlen. Man kann vor der Prüfung in aller Ruhe frühstücken und dabei normale Portionen zu sich nehmen, damit man während der Prüfung fit bleibt. Ich nehme vor wichtigen Prüfungen nicht den letzten Bus, sondern mindestens einen davor, damit ich im Notfall noch ein Taxi nehmen kann. So bleibe ich sicher und locker. Es gibt Schüler, die ihre Angst vor Prüfungen zu überspielen suchen, indem sie anderen Angst einjagen. Um solche Schüler macht man am besten einen großen Bogen. Man kann sich vor der Prüfung entspannen, indem man sich an einen Moment erinnert, als man entspannt war. Es gibt noch eine Möglichkeit, wie Sie in einen für die Prüfung optimalen inneren Zustand kommen können, das so genannte *Ankern*.

Ankern
Nehmen wir an, Peter hat Angst vor Prüfungen. Sobald er in einer Prüfung ist, fällt ihm das Herz in die Hose, und er kann sich nicht mehr an den Lernstoff erinnern. Dies ist eine natürliche Reaktion auf Druck und Stress. Bei Gefahr (wenn ein Tiger auftaucht) schaltet das Gehirn ab. Um seine Angst zu verlieren, kann Peter sich überlegen, welche Fä-

higkeit er während der Prüfung besonders braucht. Vor allem würde er sich gerne sicher fühlen. Er überlegt, wann er sich schon einmal sicher gefühlt hat. Er erinnert sich, dass er sich beim Baden sicher fühlt.

$$\text{Baden} \xrightarrow{\text{während}} \text{sicher}$$

Wenn er sich an ein konkretes Erlebnis mit Baden erinnert, es wieder von innen erlebt, das heißt, wieder dasselbe sieht, hört und fühlt wie damals, fühlt er sich sicher.

$$\text{Baden} \xrightarrow{\text{erinnern}} \text{sicher}$$

Diesen Zustand von Sicherheit kann er mit einem äußeren Auslöser verbinden, um sich diesen Zustand jederzeit wieder zugänglich machen zu können. Er kann, wenn er sich ans Baden erinnert und wieder in den Zustand von Sicherheit gekommen ist, Daumen, Zeigefinger und Mittelfinger der linken Hand zusammendrücken. Wenn er das ein paar Mal wiederholt, sind der Zustand von Sicherheit und der Auslöser Fingerdruck miteinander verschweißt. Einen solchen Auslöser nennt man einen *Anker*.
Auslöser (Anker) Fingerdruck:

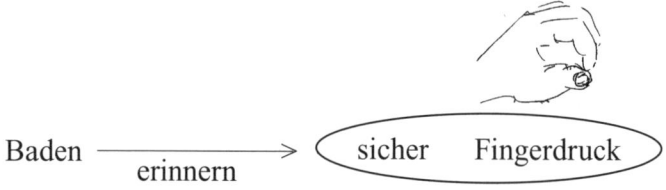

$$\text{Baden} \xrightarrow[\text{erinnern}]{} \left(\text{sicher} \quad \text{Fingerdruck} \right)$$

Wenn er den Auslöser aktiviert, indem er die drei Finger zusammendrückt, kommt er automatisch in den Zustand von Sicherheit. Das bewusste Auslösen eines Ankers nennt man *einen Anker feuern*. Er feuert in der Prüfung den Anker, indem er die Finger zusammendrückt, und fühlt sich dann sicher.

$$\text{Fingerdruck} \xrightarrow{\text{in der Prüfung}} \text{sicher}$$

Ankern begegnet uns laufend. Ein Auslöser ist dabei mit einer Reaktion verbunden. Ich gebe ein paar Beispiele für Anker aus dem Alltag. Wenn meine Mutter eine Fabriksirene hört, bekommt sie Todesangst, weil sie der Klang der Sirene an den Fliegeralarm im Krieg erinnert. Ein Arbeiter in dieser Fabrik verbindet den Ton der Sirene mit seinem Feierabend und angenehmen Gefühlen. Wenn man einen alten Schlager aus seiner Jugend hört, kommt man in Kontakt mit den Gefühlen von damals. Fotos aus der Kindheit können Erinnerungen zugänglich machen. Gerüche sind starke Anker. Ein Parfum kann an eine Jugendliebe erinnern.

Derselbe Sachverhalt, allerdings mit einer völlig anderen Erklärung, ist als *Konditionierung* bekannt. Das Konzept der Konditionierung ist zu mechanisch. Das Prinzip von Ursache und Wirkung aus der Mechanik wurde auf den Menschen übertragen. Beim Ankern handelt es sich nicht um einen mechanischen Zusammenhang von Reiz und Reaktion, der nur in einer Richtung abläuft, sondern um einen systemischen Prozess, der Rückwirkungen in alle Richtungen hat. Beim Ankern wird durch *einen* Anteil des Erlebens das ganze Erlebnis wieder zugänglich, weil alle Anteile einer Erinnerung durch Nervenverbindungen miteinander verbunden sind. Durch *einen* Teil des Erlebnisses, zum Beispiel einen Geruch, kommt man wieder in das ganze Erleben, man sieht, hört, fühlt, riecht und schmeckt wieder wie in der ursprünglichen Situation. Der Geruch von wildem Thymian bringt mich in die Erinnerung an meinen Urlaub auf Kreta.

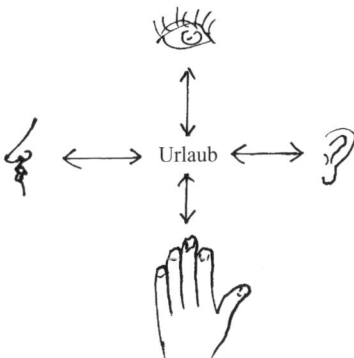

Ankern ist eine intensive Form des Lernens, des Entstehens und Nutzens von Nervenverbindungen. Ankern ist wie ein Klebstoff, mit dessen Hilfe man Fähigkeiten mit bestimmten Situationen verbindet. Ankern macht Fähigkeiten wie Selbstvertrauen, die wir in *einer* Situation zur

Verfügung haben, zum Beispiel im Sport, auch in anderen Situationen, zum Beispiel in Prüfungen, zugänglich. Es ist sogar möglich, mehrere Fähigkeiten mit *einem* Anker zugänglich zu machen. Dazu verbindet man mehrere Fähigkeiten, eine nach der anderen, mit demselben Anker, man *stapelt* sie auf einen Anker. Wenn Peter in der Prüfung nicht nur ein Gefühl von Sicherheit, sondern auch Lockerheit und Intelligenz braucht, verbindet er diese Fähigkeiten eine nach der anderen mit dem Druck seiner Finger.

Anker stapeln:

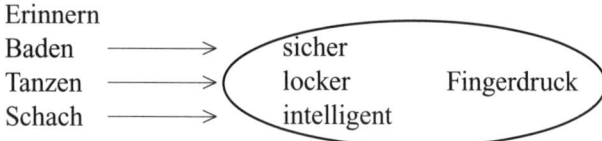

Wenn Peter eine Fähigkeit noch nie in seinem Leben zur Verfügung hatte, kann er eine Person, die über diese Fähigkeit verfügt, als Modell nehmen. Er kann in diese Person hineinschlüpfen und sich so in den Fähigkeiten-Zustand begeben (siehe Kapitel 12).

Nun kann es während einer Fahrprüfung stören, die Finger der linken Hand zusammengedrückt zu halten, um in einem selbstsicheren Zustand zu bleiben. Deshalb gibt es eine weitere Möglichkeit. Peter spielt die Prüfung mit gedrücktem Anker vorher im Geist erfolgreich durch. Er nimmt sich ein paar Minuten Zeit, macht es sich in einem Sessel bequem, feuert den Anker, indem er die drei Finger zusammendrückt und gedrückt hält, und stellt sich dabei vor, wie er die Prüfung sicher, locker und mit Intelligenz besteht.

Prüfung im Geist durchspielen

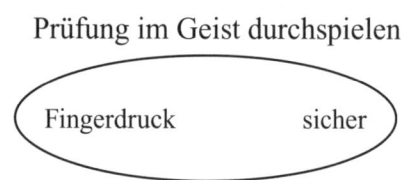

Wenn man etwas im Geist erfolgreich durchgespielt hat, ist diese Erfahrung fast so wirksam, als hätte man es schon einmal in der Realität getan. In Kapitel 12 habe ich bei dem Thema *so tun, als ob* behandelt,

184

wie man eine Redesituation in der Vorstellung erfolgreich durchspielen kann und damit neue Nervenbahnen bildet. Wenn Peter in der Prüfung locker bleiben will, spielt er die Prüfung im Kopf erfolgreich durch und feuert dabei den Anker, indem er die Finger zusammendrückt. Dadurch werden die Prüfung und die gewünschten Fähigkeiten im Geist miteinander verschweißt. Die Prüfung wird zum Auslöser für die Fähigkeiten.

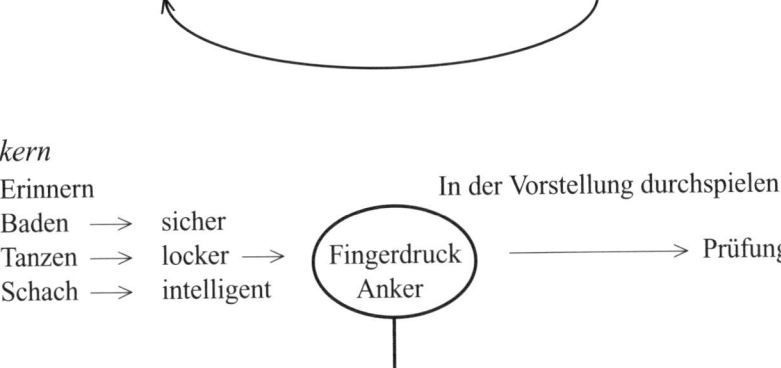

Zum Abschluss überprüft man die Wirksamkeit der Arbeit, indem man sich, ohne den Anker zu feuern, vorstellt, in eine Prüfung zu gehen. Wie hat sich das Gefühl verändert? Braucht man eventuell noch weitere Fähigkeiten? Sie können nun das Ankern üben.

Übung: Zusätzliche Fähigkeiten in Prüfungen zur Verfügung haben
❍ Sie können diese Anweisungen auf Band sprechen und während des Übens anhören oder von einer anderen Person vorlesen lassen.
❍ Nehmen Sie sich 20 Minuten Zeit, stellen Sie sicher, dass Sie ungestört bleiben, und setzen Sie sich gemütlich hin.
❍ Wählen Sie einen Anker, zum Beispiel Daumen, Mittel- und Zeigefinger zusammendrücken. Testen Sie, ob der Anker mit einem unan-

genehmen Gefühl verbunden ist. Wenn ja, nehmen Sie einen anderen Anker.

○ Um das Ankern möglichst intensiv zu machen, beachten Sie folgende Gesichtspunkte:

1. Die Intensität des Zustandes. Machen Sie das Erleben des Fähigkeiten-Zustandes möglichst intensiv, in allen Wahrnehmungskanälen, mit möglichst anziehenden Feinunterscheidungen, zum Beispiel bunt, groß, nah, dreidimensional. Das Erlebnis darf nur mit angenehmen Gefühlen verbunden sein. Und die Fähigkeit darf nur von Ihnen selbst kommen. Also nicht Mut, weil Sie die Unterstützung einer Gruppe hinter sich hatten. Nehmen Sie konkrete Situationen.

2. Die Unverwechselbarkeit des Reizes. Am besten ankern Sie möglichst genau an derselben Stelle mit dem gleichen Druck. Sie können zur Sicherheit jede Fähigkeit mehrmals ankern.

3. Wiederholbarkeit. Wählen Sie einen Anker aus, den Sie jederzeit wieder drücken können.

4. Der richtige Zeitpunkt, das Timing. Ankern Sie kurz vor Erreichen des Höhepunktes des Fähigkeiten-Zustandes. Wenn Sie zu spät ankern, ankern Sie die Abnahme des Zustandes.

5. Wenn Sie eine Fähigkeit mehrmals ankern, lenken Sie sich nach jedem Ankern kurz ab, zum Beispiel, indem Sie um sich blicken. Dadurch wird erleichtert, dass Sie beim Ankern das ansteigende Gefühl ankern.

○ Überlegen Sie, welche Fähigkeiten Sie gerne in der Prüfung zur Verfügung hätten. Machen Sie eine Liste aller erwünschten Fähigkeiten, normalerweise reichen drei bis zehn Fähigkeiten. Formulieren Sie die Fähigkeiten positiv, also statt „angstfrei" „sicher und ruhig".

○ Für Prüfungen eignen sich besonders die Fähigkeiten: Selbstsicherheit, Lockerheit, Überblick, Ruhe, Zuversicht, Flexibilität, Aufmerksamkeit, bei der Sache sein, Zugang zur Intuition, angemessen mit Schwierigkeiten umgehen können.

○ Gehen Sie folgende Schritte für jede Fähigkeit Schritt für Schritt durch:

1. Wann in Ihrem Leben verfügten Sie schon einmal über diese Fähigkeit?

2. Erleben Sie diese Situation noch mal von innen: Was sehen, hören und fühlen Sie in dieser Situation? Wie ist Ihre Körperhaltung, Ihr Blick, Ihre Atmung? Machen Sie die Erinnerung so stark und positiv wie möglich.
3. Kurz bevor das Gefühl am stärksten ist, drücken Sie den Anker.
4. Lenken Sie sich ab, schauen Sie um sich.
5. Schritte 2-4 mehrmals, dreimal reicht meist.

❍ Ankern Sie alle erwünschten Fähigkeiten genauso, eine nach der anderen, an derselben Stelle.

❍ Schließen Sie die Augen, drücken und halten Sie den Anker, und stellen Sie sich vor, wie Sie mit all diesen Fähigkeiten erfolgreich eine Prüfung bestehen.

❍ Denken Sie an mehrere Prüfungen in der Zukunft, die Sie erfolgreich meistern. Spielen Sie verschiedene Prüfungen, an verschiedenen Orten, mit verschiedenen Prüfern, zu verschiedenen Themen, mündlich, schriftlich und in der Praxis erfolgreich und locker im Geist durch.

❍ Wenn das Erleben noch nicht positiv genug ist, ankern Sie noch weitere erwünschte Fähigkeiten.

❍ Sie können den Anker lösen, die Augen öffnen und ganz erfrischt und wach in diesen Augenblick und an diesen Ort zurückkommen.

❍ Wenn Sie jetzt an eine Prüfung denken, wie hat sich Ihr Erleben verändert?

Kinder nutzen intuitiv das Ankern, indem sie eine Puppe in eine Prüfung mitnehmen. Die Puppe ist mit dem Gefühl von Sicherheit verbunden, sie ist ein Anker für Sicherheit und Geborgenheit. So gut wie alle Spitzensportler, Zirkusartisten und Künstler nutzen die Kraft der Anker. Auch wenn viele darüber lächeln, ist dies kein Aberglaube. Ankern nutzt die Art, wie unser Gehirn funktioniert. Um sich in Prüfungen sicher zu fühlen, kann man ein Kuscheltier oder einen Talisman mitnehmen, der mit dem Gefühl von Sicherheit und Geborgenheit verbunden ist. Wenn man befürchtet, von anderen ausgelacht zu werden, kann man das Kuscheltier in die Tasche stecken.

Wenn das Ankern bei Ihnen nicht so gut funktioniert hat, können Sie zu einem guten NLP-Master oder -Trainer in die Beratung gehen, die haben das Ankern gelernt. Man kann das Ankern auch nutzen, um in einen positiven Lernzustand zu kommen.

Statt Kampf gegen Schwächen mehr Fähigkeiten zugänglich machen

Mit dem Ankern ist es möglich, unerwünschte Zustände wie Prüfungsangst zu überwinden, indem man Zugang zu mehr Fähigkeiten in dieser Situation bekommt. Anstatt gegen „Schwächen" anzukämpfen, macht man sich mehr Fähigkeiten zugänglich. Zu diesem Thema eine Geschichte:

Der Kampf gegen die Dunkelheit

Ein Mann wohnte in einem dunklen Zimmer. Er mochte die Dunkelheit nicht. Er versuchte sie mit Schimpfen und Beschwörungen zu vertreiben. Aber sie verschwand nicht. Eines Tages sagte ihm eine weise Frau, dass es keine Dunkelheit gebe, dass er gegen etwas Nichtexistentes ankämpfe. Er solle lieber Licht in seine Wohnung bringen. Und die weise Frau sagte, dass dann die Dunkelheit schnell verschwinden würde. Der Mann dachte, eine so leichte Methode könne sicher keinen so mächtigen Feind wie die Dunkelheit besiegen. Eines Tages überlegte sich der Mann, dass er nichts verlieren könne, wenn er die Methode der weisen Frau probieren würde. Er konnte es fast nicht glauben, als er das Leuchten der Kerze in seinem Zimmer sah. Und er merkte, dass er nie bedacht hatte, wie schwer und gleichzeitig wie schön es war, dieses Licht zu ertragen. Viel später erkannte er die Schönheit der Dunkelheit.

Statt gegen Schwächen zu kämpfen, kann man sich seiner Stärken bewusst werden und sie ausbauen. Natürlich ist es oft nötig, sich auch mit einem Lerngebiet zu beschäftigen, mit dem man noch Schwierigkeiten hat. Es ist aber günstig, sich neben dem Lernen von Problemfächern auch mit Dingen zu beschäftigen, die man mag und in denen man gut ist. Damit steigt das Selbstvertrauen. Dies kommt dem Lernen zugute. Oft kann man Fähigkeiten, die man in seinem Lieblingsfach zur Verfügung hat, auf andere Gebiete übertragen. Beim Fußballspielen kann man zum Beispiel Kommunikation, Teamarbeit, Geduld, Zuversicht, Körperbewusstsein und Wahrnehmung lernen.

Nachdem Sie gut für die Prüfung gelernt haben und in einen lockeren und selbstsicheren Zustand gekommen sind, können Sie mit gutem Gefühl in die Prüfung gehen. Falls Sie doch noch einen Anflug von Angst spüren sollten, können Sie dieses Gefühl als Schmetterlinge im Bauch, als prickelnde Erwartung oder erregte Vorfreude betrachten. Schauspieler sagen, dass sie ohne Lampenfieber vor dem Auftritt nicht gut spielen. Das Lampenfieber bereitet sie auf den Auftritt vor.

Die innere Einstellung zu Prüfungen

Man kann Prüfungen spielerisch angehen, sie als Möglichkeiten sehen, das Gelernte anzuwenden und zu erkennen, wo man dazulernen kann. Man kann Prüfungen als Herausforderung, als Spiel, als Möglichkeiten der Selbstbestätigung betrachten. Prüfungen sind Gelegenheiten, zu lernen.

Während der Prüfung

Sie können während der Prüfung Wasser trinken, ruhig atmen und sich zwischendurch immer wieder einmal dehnen und strecken und den Bodenkontakt spüren, um das gute Gefühl zu stabilisieren. Es lohnt sich, die Prüfungsfragen genau zu lesen. Manche Fragen sind tückisch formuliert. Sie können die Aufgaben in aller Ruhe durchlesen und mit *der* Aufgabe beginnen, die Ihnen am leichtesten fällt.

Es bringt wenig, lange über eine Aufgabe nachzudenken, zu der einem im Moment nichts einfällt. Uns fällt eher etwas zu einer Frage ein, wenn wir mit einem anderen Thema beschäftigt sind, als wenn wir uns auf die Frage konzentrieren. Während wir an einem anderen Thema arbeiten, beschäftigt sich das Unbewusste weiter mit der offenen Frage. Wenn Sie mit Aufgaben beginnen, die Ihnen leicht fallen, gewinnen Sie Zeit und schaffen Erfolgserlebnisse.

Multiple-Choice-Aufgaben

Betrachten wir eine besondere Art von Prüfungsaufgaben, die *Multiple-Choice*-Aufgaben. Bei Multiple-Choice-Aufgaben muss die richtige Antwort unter mehreren möglichen Antworten angekreuzt werden. Ein Beispiel:

Was bedeutet lernen?
- ❍ A: Aneignung von Wissen
- ❍ B: Eine Erfindung von Lehrern, um Schüler zu quälen
- ❍ C: Etwas miteinander zu verbinden. Im Gehirn geschieht dies über Nervenverbindungen.

Auch wenn Antwort B witziger ist, tendiere ich zu Antwort C. Was kann man tun, wenn man bei einer Multiple-Choice-Aufgabe keinen blassen Schimmer hat? Man kann *die* Antworten ausschließen, die überhaupt nicht in Frage kommen. Und dann kann man *irgendetwas* ankreuzen. Wenn man nichts ankreuzt, ist die Frage auf alle Fälle falsch beantwortet. Wenn man irgendetwas ankreuzt, hat man bei vier möglichen Antworten eine Chance von 25 %, aus Zufall die richtige Antwort zu treffen. Außerdem wissen wir häufig mehr, als uns bewusst ist. Es kann sein, dass mein Unbewusstes doch etwas von einem Thema mitbekommen hat, während ich mich mit meiner Nachbarin unterhalten habe. Über meine Intuition bekomme ich Zugang zu diesem versteckten Wissen. Was ist eigentlich die Intuition? Nur ein kleiner Teil der Arbeit in unserem Gehirn ist uns bewusst, der Großteil ist uns unbewusst. Unsere Intuition kann auf die große Menge an Erfahrung unseres Lebens zurückgreifen, auf die tiefe Weisheit unseres Unbewussten. So spüren wir zum Beispiel oft, dass wir einer bestimmten Person vertrauen können, ohne dies mit dem Verstand begründen zu können. Wenn Sie bei einer Multiple-Choice-Frage eine Antwort nicht kennen, können Sie raten oder so tun, als ob Sie die Antwort wüssten. Vielleicht haben Sie die gesuchte Information im Hintergrund mitgehört, während Sie bewusst mit etwas anderem beschäftigt waren. Über Ihre Intuition können Sie Zugang zu der verschütteten Information bekommen.

Zum Schluss der Prüfung

Einige Schüler sitzen dem Irrglauben auf, es würde besonders gewürdigt, wenn sie als erste ihre Prüfungsarbeit abgeben. Wenn man noch Zeit hat, kann man die Arbeit in aller Ruhe durchlesen und Fehler verbessern.

Die optimale Nachbereitung einer Prüfung

Die Nachbereitung einer Prüfung wird von vielen kaum beachtet. Wenn die korrigierte und benotete Arbeit zurückgegeben wird, kann man sich die Fehler ansehen und daraus lernen. Sie können untersuchen, ob Sie bestimmte Muster oder Häufigkeiten bei den Fehlern finden. Sind es Flüchtigkeitsfehler, sind es Kommafehler oder Grammatikfehler? Wenn Sie erkennen, welche Fehler Sie gemacht haben, können Sie diese in Zukunft vermeiden.

Umgang mit Benotungen und Bewertungen

Wenn Sie in einer Prüfung eine gute Note bekommen haben, können Sie sich darüber freuen. Sie können die gute Note feiern oder sich belohnen. Wenn jemand Sie wegen einer guten Note angreift („Streber"), können Sie dies wie eine Regenwolke vorbeiziehen lassen. Diese Person wird Sie auch nicht achten, wenn Sie schlechte Noten haben. Um neidische Menschen macht man besser einen Bogen. Neider gönnen niemandem etwas, letztlich auch sich selbst nicht, sie sind zu bedauern. Wenn Sie eine weniger gute Note bekommen haben, nehmen Sie es als Zeichen, dass Sie noch dazulernen können. Erinnern Sie sich noch an die Ebenen des Lernens aus Kapitel 13? Sie können von schlechten Noten auf den unteren Ebenen lernen. Auf der

Ebene Wissen: Vielleicht können Sie noch mehr Wissen erwerben.

Ebene Verhalten: Vielleicht haben Sie zu spät mit dem Lernen begonnen oder Ihre Arbeit zu früh abgegeben und Fehler übersehen. Sie können daraus für die nächste Prüfung lernen.

Ebene Fähigkeiten: Vielleicht können Sie einen Kurs besuchen, um Ihre Fähigkeiten zu erweitern.

Ebene Überzeugungen: Vielleicht haben Sie noch einschränkende Überzeugungen wie „Ich bin zu dumm für Latein." Sie können sich freundlich von dieser Überzeugung verabschieden (siehe Kapitel 22).

Ebene Identität: Schlechte Noten sagen nichts aus über den Wert Ihrer Person. Schlechte Noten sagen auch wenig aus über die Intelligenz. Viele bedeutende Persönlichkeiten waren in der Schule schlecht oder hatten gar keine Schulbildung. Wilhelm Busch, Richard Wagner und Albert Einstein waren schlechte Schüler. Charlie Chaplin, Charles Dickens und Mark Twain besaßen praktisch keine Schulbildung. Kein Lehrer hat das Recht, Schüler auf der Ebene der Identität anzugreifen. Er pfuscht damit dem lieben Gott ins Handwerk. Der liebe Gott wird sich schon etwas überlegt haben, dass er ein Kind auf die Welt geschickt hat, mit all seinen Fehlern und Schwächen. Sich selbst als Person zu verurteilen oder sich verurteilen zu lassen, führt zu nichts. Selbst wenn man einmal eine Klasse wiederholen muss, ist das kein Beinbruch. Lieber ein Jahr in der Schule wiederholen als später in einem Beruf versauern, der einem nicht liegt. Sie können aus Prüfungen lernen und dies für kommende Prüfungen nutzen.

Zum Abschluss dieses Kapitels ein Witz:

Die kleine Lisa und ihre Großmutter sitzen am Abend am Kamin und lesen. Lisa blickt von der Illustrierten auf und fragt: „Sag mal Großmutter, was ist das eigentlich, ein *Geliebter*?"

Die Großmutter wird bleich und sagt: „Oh Gott, da fällt mir etwas ein!", geht zum großen Eichenschrank, öffnet ihn und ein Geripp fällt heraus.

Teil F

Ausblick

25. Ausblick

Ich freue mich, dass Sie mich bei diesem Buch so weit begleitet haben. Ich hoffe, die Lektüre hat Ihnen Spaß gemacht und Ihnen Anregungen gegeben, wie Sie das Lernen angenehmer und effektiver machen können.

Vielleicht wollen Sie das Buch ein zweites Mal lesen, um noch mehr von den Anregungen zu profitieren. Ich freue mich, wenn Sie das Buch weiterempfehlen oder Freunden schenken. Sie können Ihrer Bibliothek empfehlen, sich ein Exemplar anzuschaffen. Ich denke, unsere Gesellschaft würde bedeutend besser dastehen, wenn wir lernen, effektiv zu lernen. Es rentiert sich, sich für dieses Thema einzusetzen.

Vielleicht wollen Sie mein erstes Buch „*Neue Lebens Perspektiven*" lesen. In dem Buch beschäftige ich mich mit dem Thema Lebenskunst. Ich betrachte, wie man in einen guten emotionalen Zustand kommen, effektiv kommunizieren, sinnvolle Entscheidungen treffen und Ziele erreichen kann. Das Buch können Sie über jede Buchhandlung beziehen: Martin R. Mayer: *Neue Lebens Perspektiven*, Junfermann Verlag, ISDN 3-87387-401-6, 283 Seiten, 20,50 Euro. Das Buch ist für Blinde als Hörbuch auf Kassetten bei der Bayerischen Blindenhörbücherei ausleihbar. In einigen Teilen überschneiden sich meine beiden Bücher, manches wird Ihnen schon bekannt vorkommen.

Ich freue mich, wenn Sie mir Anregungen und Ideen schicken, wie man das Lernen noch effektiver und angenehmer machen kann. Für Anregungen oder, wenn Sie Interesse an meinen Seminaren zum Thema *Lernen lernen* haben, wenden Sie sich an: Martin R. Mayer, Training und Beratung, Dornstraße 11, D-87435 Kempten. Tel: 0831-2 39 10, Mobil: 0176-51 31 36 65, Mail: m@training-martin-mayer.de; Homepage: www.training-martin-mayer.de.

Wenn Sie die Adresse eines erfahrenen NLP-Masters oder -Trainers aus Ihrer Gegend suchen, wenden Sie sich an den Deutschen NLP-Verband DVNLP, Tel: 030-2 59 39 20.

Ich wünsche Ihnen noch alles Gute und viel Erfolg und Spaß beim Lernen,   Ihr Martin R. Mayer

26. Materialien

26.1 Die zwei Gehirnhälften

Links   Rechts

Rationale Gehirnhälfte

denkt rational, logisch,
Verstand

zeitorientiert

verbunden mit Sprache,
verbal

zuständig für aktives Sprechen
und Schreiben

abstrakte Sprache und
abstraktes Denken

denkt in Worten und liebt
Begriffe

liebt Zahlen und kann
gut rechnen

Emotionale Gehirnhälfte

Emotionen, Gefühle, Intuition

zeitlos

nonverbal (ohne gesprochene
Sprache), zuständig für den Ausdruck
und das Erkennen von Körpersprache
und den Klang der Stimme

zuständig für
das Verstehen von Sprache

konkretes, bildhaftes Sprechen
und Denken

denkt in Bildern

zuständig für mathematische
Schätzungen

Rationale Gehirnhälfte	Emotionale Gehirnhälfte
geht Schritt für Schritt vor, in einer Richtung = lineares Denken, in Sequenzen	denkt ganzheitlich, gleichzeitig auf vielen parallelen Ebenen
denkt in Ursache – Wirkung – Zusammenhängen, mechanisch	denkt systemisch
eindimensional	vieldimensional, räumliches, dreidimensionales Denken
ernsthaft	Humor, Spiele, Paradoxes, Widersprüchliches
liebt Regeln, Gesetze und Anweisungen	liebt Kreativität und Neues, Innovationen
ist realitätsbezogen	liebt die Phantasie, Vorstellungen (Imagination)
liebt das Analysieren, das Zerlegen in Einzelheiten	liebt das Ganze, ist ganzheitlich, liebt die Synthese, etwas vereinen, zusammenfassen
liebt Details, Einzelheiten und exakte Fakten	liebt den Überblick
liebt Daten, Zahlen und Buchstaben	liebt Formen, Strukturen, Muster, komplexe Zusammenhänge
liebt Beweise	liebt Metaphern, Analogien, Geschichten
liebt Ordnung	liebt das Risiko und kreatives Chaos
digital, entweder – oder	analoge, fließende Übergänge
zuständig für Naturwissenschaften	zuständig für Kunst, Musik, Tanz
ist objektiv	ist subjektiv

26.2 Feinunterscheidungen der Sinneskanäle

Wir nehmen Informationen mit unseren fünf Sinnen wahr und wir denken mit unseren 5 Sinnen, indem wir etwas innerlich sehen, hören, fühlen, riechen oder schmecken. Innerhalb der 5 Sinne gibt es verschiedene Arten, wie wir etwas erleben. So können wir im Sehkanal ein Bild oder einen Film, schwarzweiß oder bunt sehen. Sie können die folgenden Feinunterscheidungen durchgehen und ausprobieren, in welcher Form Sie etwas besonders deutlich erleben und sich gut merken können, zum Beispiel als Farbfilm mit leiser Musik im Hintergrund.

Feinunterschiede der Wahrnehmungssysteme

Das Sehen betreffend (visuell):

Film oder Foto:	Bewegtes Bild oder stehendes Bild. Wenn es ein Film ist, wie schnell läuft er ab, in Zeitlupe oder im Schnelldurchlauf? Vorwärts oder rückwärts?
Farbe:	Farbig oder schwarzweiß? Sind alle Farben vorhanden?
Intensität :	Intensiv oder blass, verwaschen, pastell?
Helligkeit:	Hell oder dunkel?
Panorama:	Wie weit reicht das Bild, so weit wie das Blickfeld oder ist es begrenzt?
Kontrast:	Hat es viel Kontrast oder wenig? Mit Weichzeichner?
Plastisch oder flach:	Ist es dreidimensional oder flach? Umschließt das Bild Sie ganz?
Größe:	Ist es klein oder groß?
Position:	Wo genau befindet es sich, vor, hinter, neben, über Ihnen, wie weit entfernt, steht das Bild fest an einer Stelle oder bewegt es sich im Raum?
Von innen oder außen:	Sehen Sie sich von außen in diesem Bild, oder sehen Sie das Bild von innen, wie Sie es in Realität sehen würden?
Form:	Ist das Bild rund, oval oder quadratisch?
Foto oder Dia:	Ist das Bild durchsichtig?

Rahmen:	Hat es einen Rahmen, wie sieht der Rahmen aus?
Perspektive:	Aus welcher Perspektive sehen Sie es, von oben, von unten, von der Seite?
Bildschärfe:	Ist es scharf oder unscharf, verschwommen?
Oberfläche:	Ist die Oberfläche glatt oder rauh, glänzend oder matt, hat sie eine Struktur?
Ausrichtung:	Ist das Bild geneigt oder gekippt?
Singular/Plural:	Sehen Sie ein Bild oder mehrere, gleichzeitig oder nacheinander?
Proportionen:	Stehen Menschen und Dinge im normalen Größenverhältnis zueinander und zu Ihnen?
Details:	Sehen Sie Details im Vordergrund oder im Hintergrund, sind die Details Teile des Ganzen, oder müssen sie extra anvisiert werden?
Fokus:	Steht ein Teil des Bildes im Mittelpunkt des Interesses?

Das Hören betreffend:

Art:	Stimmen, Klänge oder Geräusche?
Position:	Wo befindet sich die Tonquelle? Hören Sie sie von innen oder außen?
Lautstärke:	Laut oder leise?
Tonhöhe:	Hohe oder tiefe Töne?
Tonalität:	Nasal, volltönend, klangvoll, heiser, dünn?
Rhythmus:	Regelmäßig oder unregelmäßig?
Tempo:	Schnell oder langsam?
Melodie:	Monoton oder melodische Variationen?
Mono/Stereo:	Eine Tonquelle, von rechts und links oder von allen Seiten, räumlich?
Modulation:	Welche Teile sind hervorgehoben, betont?
Dauer:	Mit Pausen oder stetig?

Das Fühlen betreffend:

Temperatur:	Warm, lau oder kalt?
Qualität:	Angenehm, angespannt, prickelnd, diffus, schwer oder leicht?
Intensität:	Wie stark ist die Empfindung?

Position:	Wo im Körper spüren Sie es?
Bewegung:	Ist das Gefühl kontinuierlich oder kommt es in Wellen?
Richtung:	Wo beginnt das Gefühl, wohin bewegt es sich?
Geschwindigkeit:	Langsam, schnell oder sprunghaft?
Dauer:	Stetig oder mit Pausen?
Schmerz:	Scharf, brennend, stechend, ziehend, dumpf, pulsierend, drückend?
Nass oder trocken:	Fühlt es sich nass oder trocken an?
Innen oder von außen:	Ist es ein inneres Gefühl oder kommt der Impuls von außen?

Allgemeine, übergreifende Kategorien:

Von innen oder von außen erlebt; Bewegung; Abstand; Intensität; Dauer; Richtung; Entstehungsort; Häufigkeit

26.3 Mindmap „Lernen"

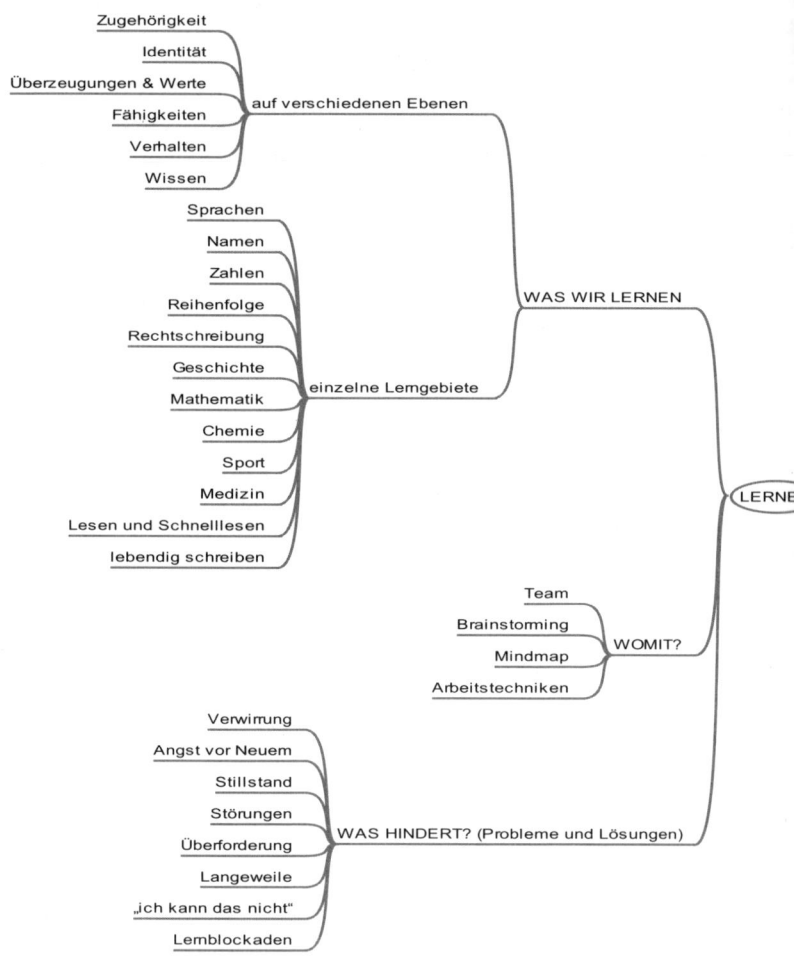

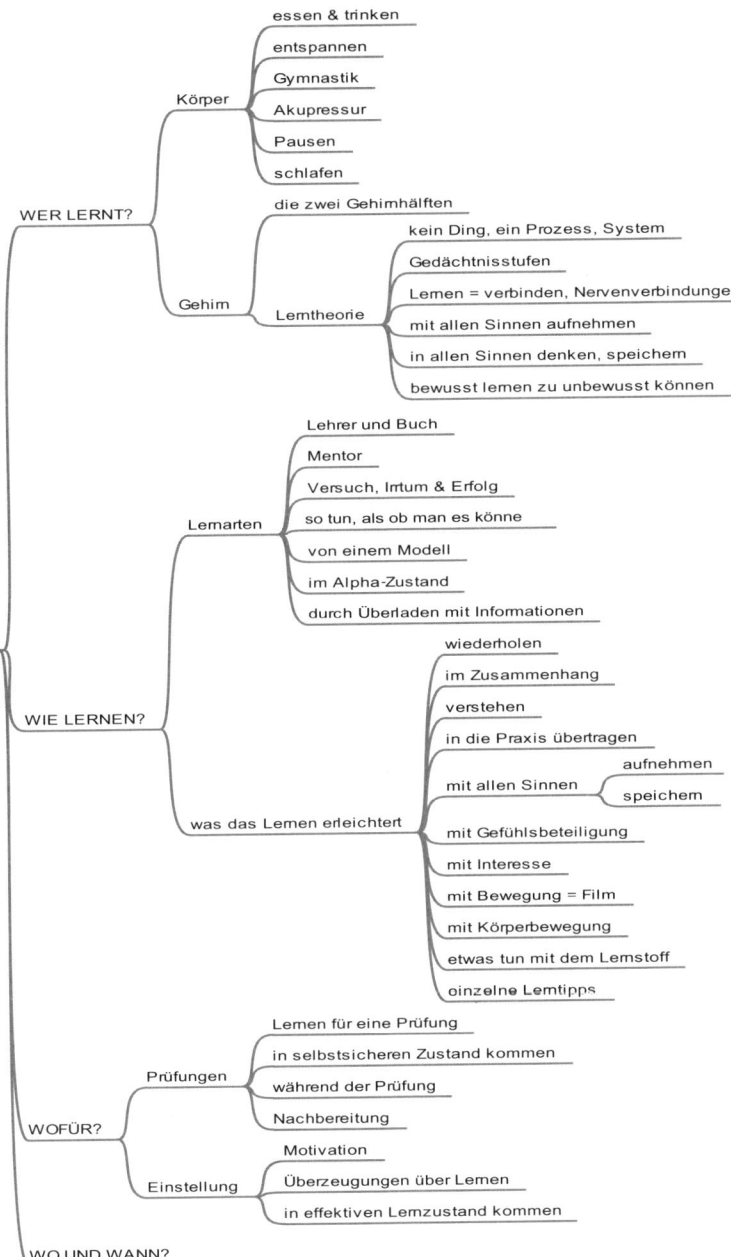

WER LERNT?

Körper
- essen & trinken
- entspannen
- Gymnastik
- Akupressur
- Pausen
- schlafen

Gehirn
- die zwei Gehirnhälften
- Lerntheorie
  - kein Ding, ein Prozess, System
  - Gedächtnisstufen
  - Lernen = verbinden, Nervenverbindungen
  - mit allen Sinnen aufnehmen
  - in allen Sinnen denken, speichern
  - bewusst lernen zu unbewusst können

WIE LERNEN?

Lernarten
- Lehrer und Buch
- Mentor
- Versuch, Irrtum & Erfolg
- so tun, als ob man es könne
- von einem Modell
- im Alpha-Zustand
- durch Überladen mit Informationen

was das Lernen erleichtert
- wiederholen
- im Zusammenhang
- verstehen
- in die Praxis übertragen
- mit allen Sinnen
  - aufnehmen
  - speichern
- mit Gefühlsbeteiligung
- mit Interesse
- mit Bewegung = Film
- mit Körperbewegung
- etwas tun mit dem Lernstoff
- einzelne Lerntipps

WOFÜR?

Prüfungen
- Lernen für eine Prüfung
- in selbstsicheren Zustand kommen
- während der Prüfung
- Nachbereitung

Einstellung
- Motivation
- Überzeugungen über Lernen
- in effektiven Lernzustand kommen

WO UND WANN?

26.4 Benutzte Literatur

Andreas, Steve & Faulkner, Charles (Hrsg.): *Praxiskurs NLP*. Paderborn 1997.

Arbinger, Roland: *Gedächtnis*. Darmstadt 1984.

Aust-Claus, Elisabeth & Hammer, Petra-Marina: *Auch das Lernen kann man lernen*. Ratingen 2003.

Birkenbihl, Vera F.: *Stroh im Kopf?* Speyer 1988.

Birkenbihl, Vera F.: *Das „neue" Stroh im Kopf.* Landsberg/Lech 2004.

Brooks, Charles V. W.: *Erleben durch die Sinne*. Paderborn 1991.

Capra, Fritjof: *Das Tao der Physik*. Bern, München, Wien 1984.

Csikszentmihalyi, Mihaly: *Lebe gut*. München 2001.

Cytowic, Richard E.: *Farben hören, Töne schmecken*. Berlin 1997.

Dahmer, Hella: *Effektives Lernen*. Stuttgart 1993.

Davis, Ronald D.: *Legasthenie als Talentsignal*. Kreuzlingen 1999.

Dennison, Paul und Gail: *EK für Kinder*. Freiburg im Breisgau 1992.

Ehlers, Hendrick: *Lernen statt Pauken*. Augsburg 1996.

Feldenkrais, Moshé: *Abenteuer im Dschungel des Gehirns*. Frankfurt am Main 1977.

Fuchs, Helmut & Graichen, Winfried U.: *Bessere Lernmethoden*. München 1994.

Gallwey, Timothy W.: *Tennis und Psyche*. München 1988.

Geisselhart, Roland R. & Hofmann-Burkhart, Christiane: *Gedächtnis ohne Grenzen*. Zürich 2001.

Michael Grinder: *NLP für Lehrer*. Kirchzarten bei Freiburg 2003.

Hannaford, Carla: *Bewegung – das Tor zum Lernen*. Kirchzarten bei Freiburg 2002.

Holler, Johannes: *Das neue Gehirn*. Südergellersen 1989.

Hüholdt, Jürgen: *Wunderland des Lernens*. Bochum 1993.

Kingston, Karen: *Feng Shui gegen das Gerümpel des Alltags*. Reinbek bei Hamburg 2003.

Kline, Peter: *Das alltägliche Genie*. Paderborn 1995.

Knabe, Gerald: *Leichter und schneller lernen*. Augsburg 1990.

Kruppa, Peter: *Fitnesstraining für den Kopf*. München 1997.

Leitner, Sebastian: *So lernt man lernen*. Augsburg 1995.

Mayer, Martin R.: *Neue Lebens Perspektiven*. Paderborn 1999.

Metzig, Werner & Schuster, Martin: *Lernen zu lernen*. Berlin 2005.

O'Connor, Joseph & Seymour, John: *Weiterbildung auf neuem Kurs.*
Kirchzarten bei Freiburg 2003
Ornstein, Robert: *Multimind.* Paderborn 1992.
Opfermann, H.C.: *Die neue Schachschule.* München 1984.
Ott, Ernst: *Optimales Lesen.* Reinbek bei Hamburg 2002.
Ostrander, Sheila & Schroeder, Lynn: *Super Memory.* München 1992 .
Reischmann, Jost: *Leichter lernen – leicht gemacht.* Bad Heilbrunn
1993.
Richards, I.A. & Gibson, Christine M.: *Englisch lernen – Bild für Bild.*
München 1976.
Rücker-Vennemann, Ursula: *Lernen mit Kopf und Bauch.* München
2001.
Scheele, Paul R.: *PhotoReading.* Paderborn 1997.
Schräder-Naef, Regula D.: *Rationeller Lernen lernen.* Weinheim 2001.
Senge, Peter M.: *Die 5. Disziplin.* Stuttgart 1996.
Silva, José & Miele, Philip: *Silva Mind Control.* München 1992.
Simonton, O. Carl & Simonton, Stephanie Matthews & Creighton,
James: *Wieder gesund werden.* Reinbek bei Hamburg 1992.
Spitzer, Manfred: *Lernen.* Heidelberg, Berlin 2003.
Stengel, Franziska: *Gedächtnis spielend trainieren.* Stuttgart 1993.
Stevens, John O.: *Die Kunst der Wahrnehmung.* Gütersloh 1993.
Van Nagel, Clint: *Megateaching.* Freiburg im Breisgau 1989.
Vester, Frederic: *Denken, Lernen, Vergessen.* München 1993.
Watson, James D.: *Die Doppel-Helix.* Reinbek bei Hamburg 1969.
Zukav, Gary: *Die tanzenden Wu Li Meister.* Reinbek bei Hamburg 1997.

Die Anekdoten am Ende von Kapitel 3, 5, 6, 11, 13, 14, 17 und 22 entstammen meinem Anekdotenband *Der Rabel.* BoD Verlag, Norderstedt 2001.

26.5 Lösung der Rätsel

Richtige Lösung von Seite 15, 16:

Ananas und	Auto
Birne und	Eule
Zeppelin und	Schlüssel
Hut und	Löffel
Kugel und	Dach
Elefant und	Knopf
Taube und	Flöte
Treppe und	Orgel
Bleistift und	Stein
Ameise und	Sonne

Richtige Lösung von Seite 17:

Auge und	Brot
Katze und	Brücke
Ofen und	Wasserfall
Baum und	Fahrstuhl
Lokomotive und	Fisch
Perücke und	Tür
Sessel und	Känguru
Schuh und	Wolke
Pinguin und	Hexe
Buch und	Fallschirm

Kapitel 7 auf Seite 68:
Doktor Neumann ist die Mutter.

Kapitel 21 auf Seite 170:
Die Überlebenden werden überhaupt nicht bestattet, sie leben ja noch.

Erfolg kommt von innen

Chuck Spezzano

Hardcover, 232 Seiten – ISBN 3-86616-019-4

Das neue Buch des bekannten Lebenslehrers Chuck Spezzano ist von wegweisender Bedeutung für alle Menschen, die ihr Leben erfolgreich gestalten wollen. Anders als viele andere Bücher, die das Thema „Erfolg im Leben" aus einer äußeren Sichtweise behandeln, schlägt Dr. Spezzano seinen Lesern vor, mit der machtvollen Kraft ihres Geistes und ihres Herzens von innen heraus zu Erfolg und Fülle zu gelangen. Auf seine typische, unnachahmlich humorvolle Art legt er dar, welche Schwierigkeiten die Menschen daran hindern, wirklich erfolgreich zu sein, und welche Strategien dem Einzelnen zur Verfügung stehen, um diese Schwierigkeiten zu überwinden. In 100 in sich abgeschlossenen Lektionen erfährt der Leser nicht nur, wie er die Probleme, die seinen Erfolg behindern, erfolgreich heilen und transformieren kann. In die einzelnen Kapitel integrierte praktische Übungen ermöglichen es ihm außerdem, die gewonnenen Erkenntnisse mühelos in den Alltag zu transportieren.

Glücklichsein in jeder Lebenssituation

So werden Sie Ihr eigener Glückscoach

Andreas Nemeth

Paperback, 176 Seiten – ISBN 3-86616-002-X

Mit diesem Buch ist es Andreas Nemeth gelungen, einen Weg zu zeigen, in jeder Lebenssituation glücklich zu leben. Statt sich weiter wie ein Hamster im Hamsterrad zu drehen, erfahren Sie in diesem Buch, wie ein ganz bestimmter Mechanismus uns davon abhält, das wahre Ziel aller Menschen zu erreichen. In nur vier Schritten und mit einem kleinen Trainingsprogramm erfährt der Leser, wie er sich den Traum von einem glücklichen und erfolgreichen Leben selbst erfüllen kann. Persönliche Probleme werden unter einem völlig neuen Aspekt beleuchtet, so dass sie letztlich ebenfalls zum persönlichen Glück beitragen. Wer dieses Buch gelesen hat, lernt einfach und sofort umsetzbar Mechanismen und Verhaltensmuster zu beseitigen, die das Glücklichsein behindern, so dass er mit großer Freude sein Leben glücklich und erfolgreich gestalten kann.

Durch Inspiration wird alles leicht

Ein direkter Weg zu Ideenreichtum und Kreativität

Nick Williams

Paperback, 152 Seiten – ISBN 3-86616-031-3

Die meisten Menschen werden hin und wieder flüchtig von der Inspiration berührt, doch nur wenige von uns wissen, wie sie diesen Zustand jeden Tag erreichen und ihr Leben auf die Inspiration aufbauen können. Nick Williams vertritt die Ansicht, dass dauerhafte Inspiration durchaus möglich ist, wenn wir wissen, wie wir uns auf sie einstellen können. Nick zeigt, dass Inspiration ein Phänomen, eine evolutionäre Kraft ist und dass sie ein ständiger Begleiter auf unserem Lebensweg werden kann, wenn wir wissen, wie wir Ängste und Widerstände überwinden können. Es ist möglich, durch Inspiration erfolgreich zu werden, anstatt durch Opferbereitschaft. Für alle, die mehr Inspiration in ihr Leben bringen wollen oder sich bereits von ihrer Inspiration leiten lassen, ist „Durch Inspiration wird alles leicht" ein Jahrbuch der 54 Goldstücke, Einsichten und praktischen Hinweise, die das Herz jedes Menschen, der an seinen Träumen baut, höher schlagen lässt.

HOLOS – die Welt der neuen Wissenschaften

Ervin Laszlo

Hardcover, 208 Seiten – ISBN 3-928632-94-9

In den Wissenschaften findet eine Revolution statt. Es ist keine technologische Revolution – es ist eine Revolution des Weltbildes. Prof. Laszlo verfolgt diese Entwicklung und macht sie jedem zugänglich, der an den neuesten Erkenntnissen darüber teilhaben möchte, wer und was wir sind, was die Welt ist, die uns umgibt, und auf welche Weise wir in Beziehung zueinander und zu dieser Welt stehen. Der Leser erfährt in einfacher Sprache, was Wissenschaftler bereits wissen und vor welchen Rätseln sie im Hinblick auf den Kosmos, das Quantum, den lebenden Organismus und das menschliche Bewusstsein immer noch stehen. Dann erforscht der Verfasser diese Welt, indem er Fragen stellt, auf die er nun zuversichtliche, wenn auch überraschende Antworten geben kann – Fragen, bei denen es um Ursprünge und Bestimmung des Universums und um Ursprung und Evolution des Lebens und des Bewusstseins geht –, um dann die größten der „großen Fragen" zu stellen: Fragen der Unsterblichkeit, zum Bewusstsein im Kosmos und zu einem Bewusstsein, das eine wissenschaftlich basierte Schau als den Geist Gottes erfassen kann.

Die Kunst der Lebensfreude

Ein praktischer Weg zu mehr Lebensglück und Erfüllung

Peter Reiter

Hardcover, 264 Seiten – ISBN 3-936486-19-0

Der Verfasser macht in diesem Buch dem Leser bewusst, dass Lebensfreude, Glück und Erfüllung bereits in jedem liegen, wie die mystische Philosophie sowie auch die großen Religionslehrer verkünden. Der Zustand der Freude ist kein Fernziel, kein Endzustand weniger Heiliger, Erleuchteter oder gereifter Persönlichkeiten, sondern kann von allen Menschen hier und jetzt erfahren werden, wenn sie bereit sind, sich vom selbstgeschaffenen seelischen Ballast zu befreien. Diese Lebenskunst anzuwenden, die vom Lebenskampf zur Lebensfreude führt, wird jeden freier, glücklicher und vor allem liebevoller machen. Der im Buch beschriebene Weg der Lebenskunst erfordert keine Vorbildung, ist jederzeit möglich, wo immer man steht. Wenn die wenigen einfachen Regeln und Methoden dieser Kunst angewendet werden, werden Lebensaufgaben fortan mit Freude statt mit Leid ausgeführt, um geradezu „unverschämt glücklich" zu sein. Denn Glück und Unglück liegen einzig im Geist, und was ist wichtiger, als glücklich und lebensfroh zu sein?

Das Geheimnis der richtigen Schwingung

Anleitung für ein wunder-volles Leben

Jill Möbius

Hardcover, 232 Seiten – ISBN 3-86616-000-3

Alles, so die Autorin, ist eine Frage von Schwingung und Resonanz. Auf fundierte und leicht verständliche Weise vermittelt dieses Buch, wie das Resonanzprinzip als grundlegendes Gesetz unsere Realität, unseren Körper und unser Schicksal prägt – und wie wir dieses Wissen spielerisch nutzen können, um ein erfülltes und erfolgreiches Leben zu gestalten: Wie es wirkungsvoll gelingt, die Realität im Voraus so zu programmieren, dass sich Wünsche erfüllen und sogar Wunder möglich werden; wie man effektive, kraftvolle Wege der Selbstheilung nutzt, um Gesundheit, Jugendlichkeit und Vitalität zu steigern; wie man inneren Frieden findet und es schafft, in jeder Situation in sich selbst zu ruhen; wie man seine Schöpferkraft wirksam einsetzt, um eine friedvolle globale Zukunft mit zu erschaffen. Viele wirkungsvolle Übungen ermöglichen die direkte Umsetzung der Erkenntnisse im Alltag. Ein unterhaltsames, praxisnahes Handbuch zur Steigerung des Bewusstseins, der Lebensfreude und Lebensqualität.